*Ce livre est dédié à nos mères,
Thérèse et Karin, qui nous ont transmis
la passion pour la cuisine et les traditions
qui s'y rattachent.*

Édition : Marianne Prairie et Lucie Desaulniers
Design graphique : Clémence Beaudoin
Infographie : François Daxhelet
Traitement des images : Johanne Lemay
Couverture : Clémence Beaudoin
Révision : Sylvie Massariol et Zachary Bernatchez
Correction : Lucie Desaulniers

Couverture et photos d'ambiance
Photographie : Laurence Bergeron
Stylisme culinaire et accessoires
(pour la couverture seulement) : Léah Léger

Recettes
Photographie : Ariel Tarr
Stylisme culinaire : Noémie Graugnard
Assistante culinaire : Chantal Arcand
Stylisme accessoires : Emilie Gaillet

Catalogage avant publication de Bibliothèque et Archives nationales du Québec et Bibliothèque et Archives Canada

Titre : Tellement Yummy / Carl Arsenault et Isaac Hub.
Noms : Arsenault, Carl, auteur. | Hub, Isaac, auteur.
Description : Comprend un index.
Identifiants : Canadiana (livre imprimé) 20240005376 | Canadiana (livre numérique) 20240005384 | ISBN 9782761963572 | ISBN 9782761963589 (livre numérique)
Vedettes-matière : RVM : Cuisine. | RVMGF: Livres de cuisine.
Classification : LCC TX714.A77 2024 | CDD 641.5—dc23

09-24

Imprimé au Canada

Dépôt légal : 2024
Bibliothèque et Archives nationales du Québec
ISBN (version papier) 978-2-7619-6357-2
ISBN (version numérique) 978-2-7619-6358-9

DISTRIBUTEURS EXCLUSIFS :

Pour le Canada et les États-Unis :
MESSAGERIES ADP inc.*
Téléphone : 450-640-1237
Internet : www.messageries-adp.com
* filiale du Groupe Sogides inc.,
filiale de Québecor Média inc.

Pour la France :
INTERFORUM ÉDITIS
Téléphone : 33 (0) 1 49 59 11 89 / 12 40
Service commandes France Métropolitaine
Téléphone : 33 (0) 2 38 32 71 00
Internet : www.interforum.fr
Service commandes Export — DOM-TOM
Internet : www.interforum.fr
Courriel : cdes-export@interforum.fr

Pour la Suisse :
INTERFORUM editis SUISSE
Téléphone : 41 (0) 26 460 80 60
Internet : www.interforumsuisse.ch
Courriel : office@interforumsuisse.ch
Distributeur : OLF S.A.
Commandes :
Téléphone : 41 (0) 26 467 53 33
Internet : www.olf.ch
Courriel : information@olf.ch

Pour la Belgique et le Luxembourg :
INTERFORUM BENELUX S.A.
Téléphone : 32 (0) 10 39 59 54
Internet : www.interforum.be
Courriel : Export.Belgique@interforum.fr

Cet ouvrage a été achevé d'imprimer
sur les presses d'Imprimerie Transcontinental,
Beauceville, Canada

Gouvernement du Québec – Programme de crédit d'impôt pour l'édition de livres – Gestion SODEC – www.sodec.gouv.qc.ca

SODEC
Québec

L'Éditeur bénéficie du soutien de la Société de développement des entreprises culturelles du Québec pour son programme d'édition.

Conseil des arts du Canada | Canada Council for the Arts

Nous remercions le Conseil des arts du Canada de l'aide accordée à notre programme de publication.

Financé par le gouvernement du Canada
Funded by the Government of Canada | Canada

Nous reconnaissons l'aide financière du gouvernement du Canada par l'entremise du Fonds du livre du Canada pour nos activités d'édition.

TELLEMENT YUMMY !

Carl Arsenault
Isaac Hub

LES ÉDITIONS DE L'HOMME

SOMMAIRE

DESTINATION : VOS CUISINES !

Préparez-vous à vivre une aventure gourmande : ce livre est votre ticket VIP pour un univers de saveurs.

Vous nous connaissez probablement à travers vos écrans. Depuis plusieurs années en effet, nous partageons notre quotidien et notre passion pour la cuisine sur YouTube et nos autres réseaux sociaux. Cette fois-ci, vous avez une connexion directe avec notre univers culinaire et ce que nous mangeons à la maison. Passez à table avec nous !

Nous sommes ravis de vous présenter 80 recettes qui éveilleront vos papilles et donneront du peps à vos repas. Ce livre est le répertoire de nos coups de cœur et de nos plats préférés, ce que nous cuisinons au jour le jour. Pour nous, la cuisine est une expression d'amour, une invitation à voyager à travers les saveurs du monde. C'est le reflet de ce que nous aimons !

Notre mission : transmettre notre passion de la cuisine. Chaque page de ce livre est donc infusée de plaisir, de créativité et de découvertes extraordinaires. Nous vous proposons des recettes qui ont fait leur chemin dans nos cœurs au fil du temps, que nous avons réinventées et améliorées à notre façon pour enchanter nos papilles. Toutes ont un dénominateur commun, celui de rassembler et de faire saliver. Comme vous le savez, la cuisine est un moyen de partager des moments précieux et de créer des souvenirs inoubliables.

Et pour nous assurer que cette aventure culinaire soit la plus agréable possible, nous avons mis l'accent sur des ingrédients simples et des explications détaillées afin que vous puissiez réussir chaque plat à coup sûr. Nous souhaitons que vous testiez ces recettes pour vous et vos amis, et que vous n'ayez qu'une seule envie : les refaire, puisque c'était un vrai régal, sans prise de tête.

Que ce livre devienne une source d'inspiration, un compagnon fidèle dans votre cuisine et qu'il imprègne celle-ci de saveurs extraordinaires !

Carl et Isaac

1

PETIT-DÉJEUNER

PANCAKES AUX BLEUETS, À LA CHANTILLY ET AU SIROP D'ÉRABLE

DONNE **8 PANCAKES**

PRÉPARATION **15 MIN**

REPOS **15 MIN**

CUISSON **10 MIN**

SE CONGÈLE ? **OUI**

Les pancakes en tout genre, on adore ! C'est pour cette raison qu'on partage avec vous cette recette faisant un petit clin d'œil aux saveurs du Québec. N'attendez surtout pas le week-end pour donner à vos papilles une explosion de saveurs avec cette combinaison sucrée-acidulée.

CRÈME CHANTILLY

250 ml (1 tasse) de crème 35 % de matières grasses (de type crème à fouetter)

2 c. à soupe de sucre glace

PANCAKES

150 g (1 tasse) de bleuets

150 g (1 tasse) de farine tout usage

Une pincée de sel

2 c. à soupe de sucre

1/2 c. à soupe de levure chimique (poudre à pâte)

2 œufs

200 ml (4/5 tasse) de lait

3 c. à soupe d'huile végétale

1 c. à café d'extrait de vanille

Un filet d'huile (de coco idéalement), pour la cuisson

Sirop d'érable, au goût

- Dans un bol, au batteur électrique ou au fouet, préparer la chantilly en fouettant la crème et le sucre glace jusqu'à l'obtention de pics fermes. Réserver.
- Laver les bleuets et bien les assécher.
- Dans un bol, mélanger la farine, le sel, le sucre et la levure.
- Dans un autre bol, à l'aide d'un fouet, battre légèrement les œufs avec le lait, l'huile et la vanille.
- Ajouter les ingrédients liquides aux ingrédients secs en 3 fois et mélanger jusqu'à ce qu'il n'y ait plus de grumeaux.
- Incorporer délicatement les bleuets.
- Laisser reposer la pâte 15 minutes au réfrigérateur. De petites bulles vont se former à la surface de la pâte.
- Dans une poêle, à feu moyen-élevé, chauffer un filet d'huile.
- Verser une louche de pâte d'environ 80 ml (1/3 tasse) et laisser cuire jusqu'à ce que de petites bulles se forment sur le dessus. La pâte va gonfler et enrober les bleuets.
- Retourner le pancake et laisser cuire jusqu'à ce qu'il soit bien doré. Répéter avec le reste de la pâte.
- Déguster avec la chantilly et du sirop d'érable.

NOTES En France, les bleuets s'appellent myrtilles, mais, chose certaine, on peut se régaler des deux côtés de l'Atlantique !

Vous pouvez réchauffer les pancakes congelés, directement au four, à 150 °C (300 °F) pendant 10 minutes.

PLAY

CRÊPES AUX MILLE TROUS (*BAGHRIRS*)

DONNE **10 CRÊPES**

PRÉPARATION **5 MIN**

CUISSON **10 MIN**

SE CONGÈLE ? **OUI, UNE FOIS LES CRÊPES CUITES**

En voyage au Maroc, Carl est tombé sous le charme de cette spécialité du pays. Facile à faire, ce délice oriental vous fera en outre voyager à coup sûr. Attention, ces crêpes se cuisent d'un seul côté, il faut donc bien les surveiller.

250 g (1 1/3 tasse + 1 c. à soupe) de semoule de blé fine

150 g (1 tasse) de farine tout usage

1 c. à café de sel

1 1/2 c. à café de levure instantanée de type Fleischmann's (levure boulangère sèche)

1 c. à café de sucre

650 ml (2 3/5 tasses) d'eau tiède

1 c. à soupe de levure chimique (poudre à pâte)

– Au mélangeur, combiner la semoule et la farine. Ajouter le sel en petit tas, sans le répartir, et le couvrir d'un peu de mélange de farine (pour éviter de tuer la levure et d'annuler son action).

– Dans une autre partie du mélangeur, déposer la levure instantanée et le sucre. Verser l'eau et mixer 4 minutes ou jusqu'à ce que de petites bulles se forment à la surface de la préparation. Ajouter la levure chimique et mixer 1 minute.

– Dans une passoire fine placée au-dessus d'un bol, filtrer la préparation pour retirer les grumeaux.

– Chauffer une poêle à feu moyen. Verser une louche de pâte au centre de la poêle chaude, sans étaler la préparation. De petites bulles vont apparaître et la crêpe cuira entièrement sans qu'il soit nécessaire de la retourner. Réduire la température si ça semble cuire trop vite ou si la crêpe noircit avant que les trous se forment et qu'elle soit entièrement cuite. Déposer sur un linge sec. Ne pas empiler les crêpes.

– Avant de cuire la crêpe suivante, verser un peu d'eau froide dans la poêle pour éviter qu'elle devienne trop chaude. Procéder de la même façon avec le reste de la préparation jusqu'à ce que toutes les crêpes soient cuites.

NOTES Il faut un peu de patience puisqu'on cuit une seule crêpe à la fois, mais le résultat en vaut la peine.

Plutôt que d'agrémenter ces crêpes de sirop d'érable, tentez l'expérience marocaine classique avec du miel : vous serez ravi.

POUDING MATINAL ÉNERGISANT

PORTIONS **6**

PRÉPARATION **2 MIN**

CUISSON **30 MIN**

SE CONGÈLE ? **OUI**

Pas toujours facile de réinventer le petit-déjeuner... Vous avez 30 minutes devant vous ? Alors, vous vous attablerez devant une assiette santé ET savoureuse. Le petit plus : ce pouding peut être préparé d'avance. Vous êtes curieux ? C'est parti !

3 bananes mûres

75 g (3/4 tasse) de flocons d'avoine

3 c. à soupe de graines de chia

60 ml (1/4 tasse) de lait d'amande (page 175)

1 c. à soupe de sirop d'érable

300 g (2 tasses) de petits fruits surgelés (fraises, framboises, mûres, bleuets)

25 g (1/4 tasse) de noix de coco râpée

- Préchauffer le four à 180 °C (350 °F). Mettre une grille au centre du four.
- Dans un moule carré de 20 cm (8 po) de côté, à la fourchette, réduire les bananes en purée.
- Ajouter les flocons d'avoine, les graines de chia, le lait d'amande et le sirop d'érable. Mélanger jusqu'à ce que la préparation soit homogène.
- Disposer les fruits surgelés sur la préparation et saupoudrer de noix de coco.
- Cuire au four 30 minutes. Déguster !

BRIOCHE JAPONAISE

PORTIONS **6**

PRÉPARATION **30 MIN**

REPOS **1 H 30 MIN**

CUISSON **12 MIN + 3 MIN**

SE CONGÈLE ? **NON**

Avez-vous déjà mangé des petits pains japonais ? Leur texture est incroyable, super moelleuse et spongieuse. C'est comme si vous goûtiez un *squishy* comestible, car chaque petit pain reprend sa forme après avoir été légèrement pressé ! Ces brioches japonaises ne sont pas seulement une collation, elles sont une aventure tactile pour vos papilles gustatives.

300 g (2 tasses) de farine tout usage

1 c. à café de levure instantanée de type Fleischmann's (levure boulangère sèche)

1 c. à café de sucre

170 ml (1/2 tasse + 3 c. à soupe) d'eau tiède

– 1

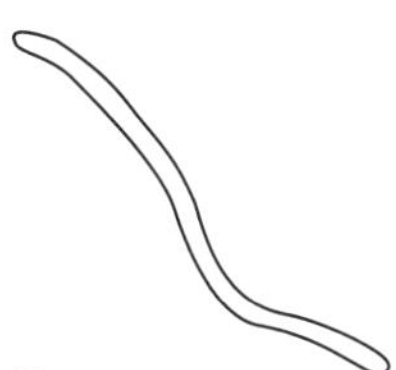

– 2

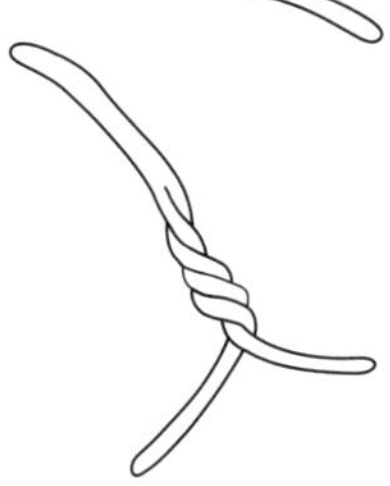

– 3

– 4

– Dans un bol, à l'aide d'une cuillère, mélanger la farine, la levure et le sucre. Ajouter l'eau tiède en remuant constamment jusqu'à l'obtention d'une boule de pâte.

– Pétrir la pâte 3 minutes ou jusqu'à ce qu'elle devienne lisse et élastique.

– Diviser la pâte en 6 parts égales. Sur un plan de travail non fariné, avec les mains, rouler chacune en un cylindre de 45 cm (18 po) de longueur.

– À l'aide d'un rouleau à pâtisserie, aplatir 4/5 de chaque cylindre à une épaisseur de 3 mm (1/8 po). Couper la partie abaissée en 2 bandes et les entrecroiser pour former une tresse.

– Enrouler la « tresse » sur elle-même de façon à créer une sorte de rose. Enrouler le 1/5 de pâte qui n'a pas été abaissée autour de la fleur pour sceller la brioche.

– Répéter ce processus pour les 5 autres portions de pâte.

– Déposer une marguerite huilée dans une casserole contenant de l'eau tiède (sans que la marguerite soit en contact avec l'eau).

– Déposer les brioches dans la marguerite, couvrir et laisser reposer à température ambiante jusqu'à ce que les brioches aient doublé de volume, soit environ 1 heure 30 minutes.

– Placer la casserole sur feu vif. Quand l'eau est en ébullition, baisser l'intensité à feu moyen-doux et calculer 12 minutes de cuisson à couvert. Éteindre le feu et laisser cuire encore 3 minutes avant de servir.

– Accompagner de beurre et de confiture ou de pâte à tartiner.

CIAMBELLA

PORTIONS **10 À 12**

PRÉPARATION **10 MIN**

CUISSON **35 À 40 MIN**

SE CONGÈLE ? **OUI**

La *ciambella* est un classique parmi les classiques en Italie ! C'est un gâteau assez dense, en forme de couronne, qu'on déguste principalement au petit-déjeuner, mais aussi au goûter. L'arôme d'eau de fleur d'oranger va vous renverser. *Tea time*, *coffee time*, peu importe le moment de la journée, si vous aimez tremper vos biscuits dans une boisson, vous allez adorer.

Beurre pour le moule

300 g (2 tasses) de farine tout usage

1 c. à café de levure chimique (poudre à pâte)

300 g (1 1/2 tasse) de sucre, divisé

Les graines de 1 gousse de vanille

3 œufs

250 g (1 tasse) de ricotta, bien tassée

1 c. à soupe d'eau de fleur d'oranger

30 g (1/3 tasse) d'amandes effilées

- Préchauffer le four à 180 °C (350 °F). Mettre une grille au centre du four. Beurrer un moule à cheminée de 24 cm (9 1/2 po) de diamètre.
- Dans un bol, tamiser la farine et la levure. Mélanger.
- Dans un petit bol, réserver 15 g (1 c. à soupe) de sucre. Dans un autre bol, au batteur électrique, mixer le reste du sucre, les graines de vanille et les œufs 2 minutes ou jusqu'à ce que la préparation blanchisse. Ajouter la ricotta et l'eau de fleur d'oranger. Mélanger.
- Ajouter les ingrédients secs aux ingrédients humides en mélangeant avec une spatule (Maryse) jusqu'à l'obtention d'une pâte assez compacte.
- Verser la pâte dans le moule préparé, saupoudrer du sucre réservé et garnir des amandes.
- Cuire au four 40 minutes ou jusqu'à ce qu'un cure-dents inséré au centre du gâteau en ressorte propre.
- Démouler et déguster.

TOAST À L'AVOCAT

PORTIONS **2**

PRÉPARATION **3 MIN**

CUISSON **3 MIN**

SE CONGÈLE ? **NON**

Lorsque la simplicité rencontre la perfection, vous obtenez ce toast à l'avocat. Ce plat est une véritable star du petit-déjeuner (ou de n'importe quel repas) grâce à son mélange d'ingrédients simples, qui se marient à merveille. Aussi facile à faire que délicieux, c'est un incontournable de notre semaine.

1 c. à soupe de vinaigre blanc

2 œufs

2 tranches de pain complet ou autre type de pain, au choix

1 avocat mûr

2 gousses d'ail confit (voir p. 24) + un filet d'huile d'ail confit pour servir

Le jus de 1/2 citron

Quelques copeaux de parmesan

Une pincée de piment de Cayenne ou de flocons de piment fort, ou plus au goût

Sel et poivre

- Dans une casserole d'eau, verser le vinaigre et porter à ébullition.
- Casser délicatement 1 œuf dans une soucoupe et le faire glisser délicatement dans l'eau frémissante. Répéter avec l'autre œuf. Laisser pocher les œufs 3 minutes ou plus, selon la texture souhaitée. Retirer les œufs de l'eau à l'aide d'une écumoire et égoutter sur un essuie-tout.
- Au grille-pain, rôtir les tranches de pain.
- Couper l'avocat en deux, retirer le noyau et la peau, puis couper la chair en tranches fines.
- Quand le pain est bien grillé et croustillant, déposer une gousse d'ail confit sur chaque tranche et l'étaler comme si c'était du beurre.
- Ajouter les tranches d'avocat, un trait de jus de citron et quelques copeaux de parmesan.
- Déposer un œuf poché sur chaque toast, saupoudrer de piment de Cayenne, saler et poivrer.
- Garnir d'un trait d'huile d'ail confit et déguster.

NOTE Si vous êtes pressé, préparez plutôt des œufs mollets ou à la coque. Et mettez l'avocat en purée.

AIL CONFIT

DONNE **ENVIRON 325 ML (1 1/2 TASSE)**

PRÉPARATION **10 MIN**

CUISSON **30 MIN**

SE CONGÈLE ? **OUI**

S'il y a une recette incontournable à la maison, c'est bien celle-ci, si simple à réaliser ! Après l'avoir testée, vous ne pourrez plus vous en passer. Un vrai passe-partout qui rehaussera vos plats en un tournemain. Faites le plein d'ail frais à la fin de l'été et à l'automne, faites-le confire et profitez-en pendant la saison hivernale ! On adore, on en tartine notamment copieusement notre toast à l'avocat (page 23) !

3 têtes d'ail

1 feuille de laurier

1 branche de romarin frais ou 15 ml (1 c. à soupe) de romarin séché

250 ml (1 tasse) d'huile d'olive extra vierge ou + au besoin

- Séparer les gousses d'ail et les peler (voir Notes).
- Dans une petite casserole, déposer l'ail, le laurier et le romarin.
- Couvrir d'huile d'olive et, à feu très doux (l'huile doit à peine frémir), cuire 30 minutes ou jusqu'à ce que les gousses puissent éventuellement être écrasées avec une cuillère. S'assurer que les gousses d'ail ne colorent pas.
- Retirer du feu, retirer les herbes et laisser refroidir.
- Conserver, avec l'huile, dans un récipient hermétique.

NOTES L'ail confit se conserve 1 semaine à température ambiante. Si vous pensez ne pas l'utiliser pendant la semaine, mettez-le au frigo pour en prolonger la conservation (jusqu'à 1 mois). L'huile figera au froid. Il suffira de le sortir d'avance pour que l'huile fonde et reprenne sa texture initiale.

Vous préparez l'ail confit avec des gousses fraîches ? Laissez-les entières. Sinon, coupez les gousses en deux et enlevez le germe.

2

APÉRO À GOGO

SLUSH AUX FRAISES ET TONIC AU GINGEMBRE MAISON

PORTIONS **5**

PRÉPARATION **5 MIN**

SE CONGÈLE ? **NON**

Quand l'été frappe à la porte et qu'on invite des amis à venir profiter de la piscine, cette version maison de la *slush* (ou barbotine) est un incontournable. Trois ingrédients à garder à portée de main pour rafraîchir tous les palais : fraises, citron et gingembre !

400 g (3 tasses) de fraises en tranches, surgelées

Le jus de 1 citron

250 ml (1 tasse) d'eau

Tonic *(soda tonique) au gingembre du commerce*

5 tranches de citron, pour servir

– Au mélangeur, mixer les fraises surgelées, le jus de citron et l'eau jusqu'à ce que la préparation soit lisse et sans grumeaux.

– Remplir les verres aux trois quarts de la préparation aux fraises et compléter avec le tonic au gingembre. Décorer d'une tranche de citron. Santé !

NOTE Pour les adultes, on peut agrémenter cette *slush* d'un trait de vodka et la transformer ainsi en savoureux cocktail d'été.

ELOTE MEXICAIN

PORTIONS **6**

PRÉPARATION **10 MIN**

CUISSON **10 MIN**

SE CONGÈLE ? **NON**

Originaire des rues animées du Mexique, l'*elote* est une explosion de saveurs. Enrobé de fromage, saupoudré de piment et arrosé de citron vert, ce maïs grillé vous fera danser au rythme de la fiesta. Offrez-en à vos amis et voyez leurs visages s'illuminer de plaisir à chaque croquée ! *¡Buen provecho!*

6 épis de maïs

3 c. à soupe de beurre

1 c. à soupe de poudre d'ail

Sel et poivre

SAUCE ÉPICÉE

60 g (1/4 tasse) de mayonnaise

60 g (1/4 tasse) de crème sure

1 c. à café de sucre

Une pincée de piment de Cayenne

1 gousse d'ail, émincée

1 bouquet de coriandre, haché

Le jus et le zeste de 1 citron vert

150 g (1 tasse) de fromage feta ou cotija, émietté

– Préchauffer le barbecue ou le four à 200 °C (400 °F). Faire tremper 6 brochettes en bois dans de l'eau 10 minutes pour bien les humidifier afin qu'elles ne brûlent pas à la cuisson.

– Éplucher les épis de maïs et y planter les brochettes humides.

– Faire fondre le beurre au four à micro-ondes ou dans une casserole, à feu doux, et en badigeonner les épis.

– Saupoudrer la poudre d'ail sur les épis. Saler et poivrer, au goût. Cuire au four ou au barbecue de 8 à 10 minutes, en les retournant à quelques reprises pour bien les dorer.

Sauce épicée

– Dans un bol, mélanger tous les ingrédients, sauf le zeste de citron vert et le fromage. Dans un autre bol, combiner le zeste de citron vert et le fromage.

– Au moment de servir, badigeonner les épis de maïs rôtis de sauce épicée et garnir d'un peu de fromage au zeste de citron vert.

MOCKTAIL À LA PASTÈQUE ET SA VERSION COCKTAIL

PORTIONS **8**

PRÉPARATION **5 MIN**

SE CONGÈLE ? **OUI**

Parfait pour un party improvisé ! Pas besoin de sortir le robot ou l'extracteur à jus : tout est mélangé directement dans la pastèque ! On a testé ce *food hack* dans l'une de nos vidéos sur YouTube et on a tellement aimé l'astuce qu'on a voulu la partager avec vous. Ambiance tropicale assurée.

1 pastèque de taille moyenne sans pépins

500 ml (2 tasses) d'eau gazéifiée

3 c. à soupe de sirop simple

Le jus de 1 citron

Glaçons

8 feuilles de menthe

POUR LA VERSION ALCOOLISÉE (PAR PORTION)

30 ml (2 c. à soupe) de vodka

80 ml (1/3 tasse) de prosecco

– Couper le chapeau de la pastèque et la stabiliser sur le plan de travail avec un linge humide.

– Au pied-mélangeur, réduire la chair de la pastèque en purée de façon à obtenir un maximum de jus.

– Retirer quelques louches de jus et réserver (à utiliser plus tard pour la deuxième tournée !).

– Dans le melon, ajouter l'eau gazéifiée, le sirop simple et le jus de citron. Mélanger. À l'aide d'une louche, servir le mocktail dans des verres en ajoutant quelques glaçons et une feuille de menthe.

Pour la version alcoolisée

– Verser 125 ml (1/2 tasse) de mocktail à la pastèque dans un grand verre haut. Ajouter quelques glaçons, la vodka et le prosecco. Remuer, garnir de menthe et servir.

KIMCHI DE PASTÈQUE

PORTIONS **10 PETITES**

PRÉPARATION **20 MIN**

REPOS **3 À 4 H**

SE CONGÈLE ? **NON**

Vous détestez autant que nous le gaspillage ? Voici une recette zéro déchet qui vous fera saliver ! La pastèque est l'un de nos fruits favoris, et cet à-côté piquant vraiment délicieux la met à l'honneur !

1/2 pastèque

3 c. à soupe de vinaigre de riz

1 c. à soupe de sel rose

3 gousses d'ail, hachées finement

1 c. à soupe de gingembre frais, haché finement

3 oignons verts, hachés finement

1 c. à café de piment fort séché ou + au goût

2 c. à soupe de sambal oelek

30 g (1/4 tasse) de graines de sésame

- Bien nettoyer la pastèque, la couper en deux et retirer toute la chair à l'aide d'une louche ou d'une grande cuillère.
- Au mélangeur, réduire suffisamment de chair en purée pour obtenir 175 ml (3/4 tasse) de jus. Réserver au frigo. (Garder le reste du melon pour le manger tel quel, l'incorporer à une salade de fruits ou réaliser le mocktail/cocktail de la page 32).
- Peler la pastèque en retirant 1 à 2 mm (1/16 po) de la peau verte.
- Découper la partie blanche restante en cubes de 1,5 cm (2/3 po) et les déposer dans un bol.
- Ajouter le vinaigre de riz et le sel rose. Mélanger et laisser dégorger de 2 à 3 heures à température ambiante.
- Rincer abondamment les cubes de melon à l'eau froide, égoutter et bien éponger avec de l'essuie-tout ou un linge propre.
- Dans un saladier, mélanger le jus de pastèque réservé, les cubes de pastèque et le reste des ingrédients. Rectifier l'assaisonnement ou le piquant, au goût.
- Réfrigérer 1 heure avant de servir.

NOTE Se conserve 1 semaine au frigo.

CROÛTONS FAÇON SOUPE À L'OIGNON

DONNE ENVIRON

24 CROÛTONS

PRÉPARATION **5 MIN**

CUISSON **12 À 14 MIN**

SE CONGÈLE ? **NON**

On partage avec vous cette recette que la mère de Carl cuisinait pour ses invités à l'apéro. C'est vite devenu un classique dans notre famille… Un *snack* ultra goûteux et surtout très facile à faire. On parie que ces petites bouchées, qui ont le goût de la soupe à l'oignon gratinée, vont partir comme des petits pains chauds.

2 c. à soupe d'huile d'olive extra vierge

2 oignons moyens, coupés en dés

375 g (1 1/2 tasse) de mayonnaise

120 g (1 tasse) de gruyère ou de cheddar, râpé

1 branche de thym frais, effeuillé et ciselé

Le zeste de 1 citron

1 baguette de pain

Sel et poivre

- Préchauffer le four à 220 °C (425 °F). Mettre une grille au centre du four.
- Dans une casserole, à feu moyen-vif, chauffer l'huile et cuire les oignons 2 minutes ou jusqu'à ce qu'ils soient translucides et à peine colorés. Retirer du feu et laisser tiédir.
- Dans un bol, mélanger la mayonnaise, le fromage, le thym et le zeste de citron. Saler et poivrer, au goût. Incorporer les oignons tièdes.
- Couper la baguette en tranches de 1 cm (1/2 po) d'épaisseur.
- Étaler généreusement la préparation sur les tranches de pain.
- Déposer les tranches sur une plaque de cuisson et cuire au four de 10 à 12 minutes ou jusqu'à ce que les croûtons soient colorés.

NOTE Rendez-vous à la page 99 pour la photo de ces délicieux croûtons, servis avec notre soupe aux tomates. Ensemble, ils font un excellent lunch !

HOUMOUS MAISON

PORTIONS **6 À 8**

PRÉPARATION **5 MIN**

SE CONGÈLE ? **NON**

Prêt à découvrir à quel point c'est facile de faire cette gourmandise crémeuse, devenue un incontournable à travers le monde ? Sûr que vous adopterez cette recette pleine de saveurs et direz adieu aux produits du commerce. La photo de cette recette se trouve à la page 39.

1 boîte de 398 ml de pois chiches, rincés (voir Notes) et égouttés ou 400 ml (1 2/3 tasse) de pois chiches cuits

60 ml (1/4 tasse) de jus de citron frais (environ 1 gros citron)

60 ml (1/4 tasse) de tahini

1 petite gousse d'ail

2 c. à soupe d'huile d'olive extra vierge + pour servir

1/2 c. à café de cumin en poudre

Une pincée de sel

2 ou 3 c. à soupe d'eau, au besoin

Une pincée de paprika, pour garnir (facultatif)

Persil frais haché, pour garnir (facultatif)

– Au mélangeur, mixer les pois chiches, le jus de citron, le tahini, l'ail, l'huile d'olive, le cumin et le sel 2 minutes ou jusqu'à l'obtention d'une texture lisse et crémeuse, en raclant les parois du bol de temps à autre. Au besoin, ajouter de l'eau, 1 c. à soupe à la fois.

– Au moment de servir, garnir d'un trait d'huile d'olive et, si désiré, de paprika et de persil.

NOTES Stop ! Ne jetez plus le liquide (*aquafaba*) contenu dans les boîtes de pois chiches : il est parfait pour réaliser notre mousse au chocolat végane (page 133) !

Servir avec des crudités et du pain pita ou tartiner comme garniture dans les sandwichs et wraps.

Le houmous se conserve 1 semaine au réfrigérateur dans un récipient hermétique.

CHIPS DE KALE

PORTIONS **4**

PRÉPARATION **5 MIN**

CUISSON **20 À 24 MIN**

SE CONGÈLE ? **NON**

Le chou frisé (kale) pousse à profusion dans notre jardin, et ces chips saines et délicieuses sont l'une de nos façons préférées de le déguster. Elles croustillent et fondent en même temps sur la langue… Vous allez craquer ! La photo de cette recette se trouve à la page 39.

1 bouquet de kale frais

2 c. à soupe d'huile d'olive extra vierge

Le zeste de 1 citron

Une pincée de piment de Cayenne (facultatif)

45 g (1/2 tasse) de parmesan, râpé finement

Sel et poivre

- Préchauffer le four à 135 °C (275 °F). Mettre une grille au centre du four. Couvrir deux plaques de cuisson de papier parchemin ou d'un tapis de silicone.
- Laver soigneusement le kale sous l'eau froide. Égoutter ou utiliser une essoreuse à salade pour le sécher complètement.
- Retirer les tiges centrales. Déchirer à la main les feuilles en morceaux de la taille souhaitée pour les chips.
- Dans un grand bol, déposer les morceaux de kale et verser l'huile d'olive. Bien mélanger avec les doigts pour enrober chaque morceau.
- Étaler le kale en une seule couche sur les plaques préparées en s'assurant que les morceaux ne se chevauchent pas.
- Saupoudrer les chips de kale de zeste de citron et, si désiré, de piment de Cayenne. Saler et poivrer, au goût. Ajouter le parmesan.
- Cuire au four de 10 à 12 minutes. Intervertir les plaques pour assurer une cuisson uniforme et poursuivre la cuisson de 10 à 12 minutes, selon la taille des chips. Elles doivent être croustillantes et à peine dorées sur les côtés. Surveiller attentivement, car elles peuvent brûler rapidement.
- Laisser refroidir légèrement avant de servir.

CHIPS DE FEUILLES DE RIZ

PORTIONS **2**

PRÉPARATION **5 MIN**

CUISSON **2 MIN**

(PAR LOT DE 2 OU 3 CHIPS)

SE CONGÈLE ? **NON**

Croustillantes et légères comme une plume, les chips de feuilles de riz vous offrent un voyage vers l'Asie. Simples à préparer, elles vous feront vivre une expérience gustative inoubliable. Une très belle façon de remplacer les chips du commerce ! La photo de cette recette se trouve à la page 38.

6 feuilles de riz

250 ml (1 tasse) d'huile de canola

ASSAISONNEMENT

15 g (1/4 tasse) de levure alimentaire

1 c. à café de poudre d'ail

1 c. à café de poudre d'oignon

1 c. à café de paprika

1/4 c. à café de piment de Cayenne

Une grosse pincée de sel

– Dans un bol, mélanger tous les ingrédients de l'assaisonnement. Réserver.

– Humidifier légèrement les feuilles de riz, une à la fois, dans un linge propre humide pour leur éviter de se briser en morceaux (elles ne doivent absolument pas devenir molles).

– Découper les feuilles de riz en morceaux de la taille souhaitée pour les chips.

– Dans une petite casserole, à feu moyen-vif, chauffer l'huile jusqu'à ce qu'elle atteigne 180 °C (350 °F).

– Frire 2 ou 3 morceaux de feuilles de riz à la fois. Les chips vont gonfler à vue d'œil.

– Retirer immédiatement les chips de la casserole et les déposer sur un essuie-tout qui absorbera le surplus d'huile.

– Saupoudrer l'assaisonnement sur les chips. Répéter jusqu'à ce que toutes les chips soient cuites.

TARTE À LA TOMATE

PORTIONS **6**

PRÉPARATION **5 MIN**

CUISSON **30 À 35 MIN**

SE CONGÈLE ? **OUI**

Née sous le soleil de la Provence, la tarte à la tomate est une symphonie de saveurs à chaque bouchée. L'acidité des tomates fraîches danse en harmonie avec le thym, créant une explosion gustative à chaque instant. Cette tarte est une ode à la simplicité qui vous fera découvrir le goût des tomates sous un tout nouveau jour.

1 abaisse de pâte brisée (page 44)

3 c. à soupe de moutarde de Dijon

2 gousses d'ail, hachées finement

4 ou 5 tomates moyennes, idéalement de différentes variétés

2 c. à soupe d'huile d'olive extra vierge ou d'huile d'ail confit (page 24)

3 branches de thym frais, effeuillées

90 g (1 tasse) de parmesan, râpé

Quelques feuilles de basilic frais, coupées grossièrement

Sel et poivre

– Préchauffer le four à 220 °C (425 °F). Mettre une grille au centre du four. Couvrir une plaque de cuisson de papier parchemin ou d'un tapis de silicone.

– À l'aide d'un rouleau à pâtisserie, abaisser la pâte en un rectangle de 40 cm × 30 cm (16 po × 12 po). Déposer l'abaisse sur la plaque préparée.

– Dans un petit bol, mélanger la moutarde et l'ail. Étaler sur la pâte en laissant un rebord libre d'environ 5 mm (1/4 po).

– Couper les tomates en tranches d'environ 3 mm (1/8 po) d'épaisseur et les déposer sur la tarte.

– Saler et poivrer, au goût. Ajouter l'huile en filet et parsemer de thym et de parmesan.

– Cuire au four de 30 à 35 minutes ou jusqu'à ce que la pâte soit croustillante et légèrement dorée sur les côtés.

– À la sortie du four, garnir de basilic et servir aussitôt.

PÂTE BRISÉE

DONNE **1 GRANDE ABAISSE**

PRÉPARATION **5 MIN**

REPOS **30 MIN**

SE CONGÈLE ? **OUI**

Une recette de base incontournable de la gastronomie. Comme le fondement d'une maison, elle est l'élément essentiel sur lequel reposent une multitude de créations culinaires. Apprenez à maîtriser cet incontournable de la cuisine et débloquez un monde infini de saveurs et de possibilités !

250 g (1 2/3 tasse) de farine tout usage

125 g (1/2 tasse + 1 c. à soupe) de beurre froid, coupé en cubes de 2,5 cm (1 po)

80 ml (1/3 tasse) d'eau froide + au besoin

– Dans un grand bol, combiner la farine et le beurre froid en écrasant le beurre dans la farine avec les doigts pour obtenir une sorte de semoule grossière d'environ 3 mm (1/8 po) de diamètre, de texture sablonneuse.

– Incorporer rapidement l'eau froide et mélanger avec une cuillère en bois pour permettre à la pâte de se lier et de former une boule. Ajouter un peu d'eau, au besoin.

– Envelopper la boule d'une pellicule de plastique et réfrigérer 30 minutes avant utilisation.

NOTE Vous pouvez utiliser cette pâte pour réaliser vos tartes salées, comme la sublime tarte à la tomate de la page 42.

BEURRE NOISETTE CRÉMEUX

DONNE **250 ML (1 TASSE) DE BEURRE NOISETTE**

PRÉPARATION **5 MIN**

CUISSON **5 MIN**

SE CONGÈLE ? **OUI**

Qui connaît le beurre noisette ou nectar doré ? Son goût riche et sa douceur en font l'ingrédient parfait pour sublimer toute une variété de plats, des légumes aux pâtisseries ! Le secret de cette recette ? Plutôt que d'utiliser le beurre noisette chaud, on le laisse refroidir pour le tartiner sur du pain à l'apéritif (voir la photo page 49). La simplicité n'a jamais eu si bon goût.

240 g (1 tasse) de beurre non salé, coupé en morceaux

1 c. à café de fleur de sel ou de sel de Maldon

Le zeste de 1 citron

– Préparer un grand bol d'eau glacée avec des glaçons. Garder au frais.

– Dans une casserole à fond épais, à feu doux, faire fondre le beurre en mélangeant de temps à autre avec une cuillère en bois. Lorsque le beurre est fondu, une mousse se forme sur le dessus (attention aux éclaboussures). Quand la mousse disparaît, un dépôt se forme au fond de la casserole (c'est normal). Lorsque la couleur du beurre devient légèrement ambrée ou noisette, retirer du feu et verser le beurre dans un cul-de-poule en métal.

– Déposer le cul-de-poule sur le bol d'eau glacée de façon qu'il soit en contact avec l'eau et fouetter le mélange. Au fur et à mesure que le beurre refroidit, il épaissit pour retrouver la texture d'un beurre fouetté. Incorporer le sel et le zeste de citron.

– Former des quenelles de beurre et servir avec du pain maison ou des bretzels maison (page 46).

BRETZELS MAISON

DONNE **8 BRETZELS**

PRÉPARATION **15 MIN**

REPOS **5 MIN + 1 H**

CUISSON **1 MIN + 15 MIN**

SE CONGÈLE ? **OUI**

Isaac, originaire d'Allemagne, adore ce pain délicieux et facile à faire. Alors enfilez votre tablier et suivez-nous pour un voyage savoureux au pays des bretzels. Dégustez-les avec du beurre noisette crémeux (page 45). La photo de cette recette se trouve à la page 49. *Guten Appetit !*

1 c. à soupe de sucre

1 c. à soupe de sel

375 ml (1 1/2 tasse) d'eau tiède

2 1/4 c. à café de levure instantanée de type Fleischmann's (levure boulangère sèche)

675 g (4 1/2 tasses) de farine tout usage

3 c. à soupe d'huile d'olive extra vierge, divisée

POUR LA CUISSON

2,5 litres (10 tasses) d'eau + 3 c. à soupe

120 g (2/3 tasse) de bicarbonate de soude

1 œuf

60 ml (1/4 tasse) de gros sel

– Dans un grand bol, à l'aide d'une cuillère, mélanger le sucre et le sel dans l'eau tiède jusqu'à ce qu'ils soient dissous.

– Saupoudrer la levure sur le dessus du mélange et laisser reposer 5 minutes à température ambiante pour l'activer.

– Ajouter la farine d'un coup et 2 c. à soupe d'huile d'olive. Mélanger avec une cuillère en bois jusqu'à ce que la pâte forme une boule.

– Sur un plan de travail non fariné, pétrir la pâte de 2 à 3 minutes ou jusqu'à ce qu'elle forme une belle boule lisse.

– Badigeonner le bol utilisé précédemment de 1 c. à soupe d'huile d'olive et y déposer la pâte. Couvrir le bol d'une pellicule de plastique et laisser reposer à température ambiante 1 heure ou jusqu'à ce que la pâte ait doublé de volume.

– Préchauffer le four à 230 °C (450 °F). Mettre une grille au centre du four. Couvrir une plaque de cuisson de papier parchemin ou d'un tapis de silicone.

– Diviser la pâte en huit parts égales. Rouler chacune en un cylindre d'environ 60 cm (24 po) de long.

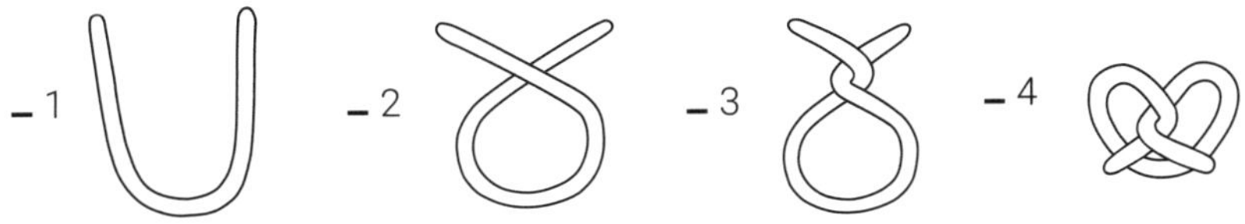

– Façonner les bretzels : donner au cylindre la forme d'une goutte en tordant les deux extrémités. Ramener les extrémités torsadées vers soi et appuyer pour sceller le bretzel. Déposer les bretzels sur la plaque préparée.

– Dans une casserole, verser 2,5 litres (10 tasses) d'eau et ajouter le bicarbonate. Porter à ébullition. Déposer soigneusement les bretzels dans l'eau bouillante, deux à la fois, et les cuire 15 secondes de chaque côté.

– À l'aide d'une cuillère, retirer de la casserole les bretzels qui ont gonflé et les remettre sur la plaque.

– Dans un petit bol, mélanger 3 cuillères à soupe d'eau et l'œuf. Badigeonner les bretzels du mélange et les saupoudrer de gros sel.

– Cuire les bretzels au four 15 minutes ou jusqu'à ce qu'ils soient dorés et croustillants. Les laisser refroidir légèrement avant de servir.

NOTE Pour congeler les bretzels une fois qu'ils sont cuits et refroidis, emballez-les individuellement dans une pellicule de plastique et déposez-les dans un récipient hermétique ou dans un sac à congélation. Ils se conserveront de 2 à 3 mois. Réchauffez-les au four à 180 °C (350 °F) environ 10 minutes.

TREMPETTE AU FROMAGE COTTAGE FOUETTÉ

À la maison, on est fans des trempettes ! Elles se préparent en un rien de temps et transforment les légumes crus en une véritable fête. De plus, elles sont synonymes de convivialité. Nous partageons avec vous notre incontournable, indispensable alliée de tous nos apéros. La photo de cette recette se trouve à la page 48.

PORTIONS **8**

PRÉPARATION **5 MIN**

SE CONGÈLE ? **NON**

250 g (1 tasse) de fromage cottage

125 ml (1/2 tasse) crème sure ou de yogourt grec

1 gousse d'ail

5 branches d'aneth

10 feuilles de basilic

Le zeste de 1 citron

Sel et poivre

- Au robot culinaire ou au mélangeur, mixer tous les ingrédients jusqu'à l'obtention d'une consistance lisse et crémeuse, similaire à celle d'une mayonnaise.
- Servir avec des crudités ou des chips.

NAAN AU FROMAGE

PORTIONS **6**

PRÉPARATION **15 MIN**

REPOS **2 H**

CUISSON **24 MIN**

SE CONGÈLE ? **NON**

Une petite virée culinaire en Inde, ça vous dit ? Ces pains moelleux et gourmands, garnis de fromage fondant, sont un incontournable de la cuisine indienne. Leur saveur irrésistible et leur texture parfaite vous combleront. La photo de cette recette se trouve à la page 49.

250 g (1 2/3 tasse) de farine tout usage + pour le plan de travail

1 c. à café de levure instantanée de type Fleischmann's (levure boulangère sèche)

1 c. à café de sucre

4 c. à soupe d'huile végétale, divisée, + pour la poêle

125 ml (1/2 tasse) de yogourt nature

Une pincée de sel

80 ml (1/3 tasse) d'eau tiède

12 pointes de fromage de type La vache qui rit

– Dans un grand bol, à l'aide d'une cuillère, mélanger la farine, la levure et le sucre. Ajouter 3 c. à soupe d'huile, le yogourt, le sel et l'eau tiède, et mélanger jusqu'à la formation d'une boule de pâte.

– Sur un plan de travail non fariné, pétrir la pâte 2 minutes.

– Badigeonner les parois d'un bol de 1 c. à soupe d'huile. Déposer la boule de pâte dans le bol et couvrir d'une pellicule de plastique. Laisser la pâte gonfler 2 heures à température ambiante.

– Quand la pâte est bien gonflée, saupoudrer le plan de travail d'un peu de farine et y déposer la pâte. Façonner un cylindre, puis le diviser en 6 parts égales. Façonner les parts en petites boules rondes et les aplatir en cercles de 8 cm (3 po) de diamètre avec la main.

– Combiner 2 pointes de fromage ensemble pour faire une boulette et la rouler dans la farine. Déposer au centre d'un cercle de pâte, refermer en pinçant la pâte pour enfermer le fromage.

– À l'aide d'un rouleau à pâtisserie, abaisser délicatement les pains à 15 cm (6 po) de diamètre, en faisant attention de ne pas trop écraser pour éviter que le fromage s'échappe.

– Chauffer une poêle légèrement huilée à feu moyen-vif et cuire 1 pain naan 2 minutes de chaque côté. Les pains vont gonfler comme de petits ballons ! Procéder de la même manière pour les 5 autres pains en huilant la poêle entre chaque pain.

– Servir avec une trempette ou une soupe.

3

SALADES GOURMANDES

SALADE EXPRESS DE CONCOMBRES

PORTIONS **4**

PRÉPARATION **5 MIN**

SE CONGÈLE ? **NON**

Une recette ultra rapide et rafraîchissante, qui comblera vos papilles de bonheur. Lorsqu'on n'a pas le temps de cuisiner un accompagnement pour notre repas, cette salade vient à la rescousse en quelques minutes seulement.

2 concombres anglais ou 10 petits concombres libanais, coupés en tranches

3 c. à soupe d'huile de sésame grillé

1 1/2 c. à soupe de sauce soya

1 1/2 c. à soupe de vinaigre de riz

1 ou 2 gousses d'ail, émincées

60 ml (1/4 tasse) de graines de sésame

1/2 c. à café de flocons de piment

– Dans un bol, mélanger tous les ingrédients à la cuillère. Servir immédiatement.

NOTES On préfère déguster cette salade immédiatement après l'avoir préparée, car en la laissant reposer, même au frais, les concombres relâchent un peu d'eau et diluent la vinaigrette.

Vous avez des radis au jardin et vous ne savez pas quoi faire avec les feuilles ? Faites-les blanchir dans de l'eau bouillante 1 minute, plongez-les ensuite dans un bol d'eau glacée pour arrêter la cuisson. Coupez les tiges en morceaux. Utilisez la même vinaigrette que pour la salade express de concombres. C'est un pur délice.

SALADE DE BROCOLI À L'ASIATIQUE

PORTIONS **4**

PRÉPARATION **5 MIN**

CUISSON **7 À 9 MIN**

SE CONGÈLE ? **NON**

Explorez des saveurs exotiques avec cette salade, une combinaison audacieuse de légumes croquants et d'arômes asiatiques envoûtants. Cette recette vous transporte instantanément dans les marchés animés d'Asie, où les saveurs authentiques rencontrent la fraîcheur des légumes.

4 c. à soupe d'huile d'avocat ou de canola

2 c. à soupe d'huile de sésame grillé

2 c. à soupe de sauce soya

2 c. à café de sirop d'érable ou de miel

1 à 2 c. à café de pâte de piment, au goût

2 gousses d'ail, hachées finement

1 c. à soupe de gingembre frais, haché finement

1 oignon vert, haché finement

4 c. à soupe de graines de sésame

1 brocoli, défait en fleurons

- Dans une petite casserole, à feu moyen, chauffer l'huile d'avocat 2 minutes.
- Dans un bol à l'épreuve de la chaleur, combiner l'huile de sésame, la sauce soya, le sirop d'érable, la pâte de piment, l'ail, le gingembre, l'oignon vert et les graines de sésame.
- Verser l'huile d'avocat bien chaude sur la préparation (attention aux éclaboussures) de façon à cuire l'ail très légèrement. Réserver.
- Cuire le brocoli à la vapeur de 5 à 7 minutes. Transférer le brocoli dans un bol de service.
- Une fois la vinaigrette légèrement refroidie, verser sur le brocoli, bien mélanger et servir.

NOTES Vous pouvez utiliser cette vinaigrette avec des fleurons de chou-fleur ou des cubes de concombre (1 concombre anglais ou 10 concombres libanais), c'est tout aussi délicieux.

Vous pouvez aussi préparer la vinaigrette d'avance; elle se conserve 3 ou 4 jours au réfrigérateur.

SALADE NIÇOISE

PORTIONS **4**

PRÉPARATION **15 MIN**

CUISSON **10 MIN**

SE CONGÈLE ? **NON**

Cette salade est un véritable délice qui éveille les papilles et vous transporte dans le sud de la France. Chaque bouchée de notre recette revisitée explose de saveurs et de fraîcheur. Un voyage gustatif au cœur de la Méditerranée, où les ingrédients les plus simples se marient pour créer une expérience culinaire inoubliable.

125 ml (1/2 tasse) d'huile d'olive extra vierge

3 c. à soupe de vinaigre de vin rouge

1 gousse d'ail, coupée en deux

1 branche de thym frais

16 petites tomates en grappe

1 laitue feuille de chêne, effeuillée et lavée

8 radis

24 haricots jaunes ou verts, cuits

4 œufs durs, coupés en quartiers

8 filets de thon dans l'huile, égouttés

32 olives Kalamata

2 oignons verts, émincés

8 à 12 filets d'anchois

Sel et poivre

– Préchauffer le four à 200 °C (400 °F). Mettre une grille au centre du four.

– Dans une petite casserole allant au four, à feu vif, porter à ébullition l'huile, le vinaigre, l'ail, le thym, du sel et du poivre.

– Déposer les tomates dans la casserole et, à l'aide d'une cuillère, les couvrir de vinaigrette chaude à quelques reprises. Cuire au four 10 minutes de façon à légèrement confire les tomates, jusqu'à ce que la peau ait légèrement éclaté.

– Dans quatre assiettes, disposer les feuilles de salade. Répartir sur la laitue les radis, les haricots, les œufs, le thon, les olives, les oignons verts et les filets d'anchois.

– Disposer les grappes de tomates sur la salade et arroser d'un filet de vinaigrette chaude. Déguster !

SALADE CÉSAR

PORTIONS **4**

PRÉPARATION **25 MIN**

CUISSON **5 MIN**

SE CONGÈLE ? **NON**

Saviez-vous que la salade César n'a rien à voir avec l'empereur romain ? Cette recette emblématique, initialement conçue par le chef italien Cesare Cardini, est devenue l'une des salades les plus appréciées dans le monde. On vous donne notre version revisitée avec une explosion de saveurs à chaque bouchée.

CROÛTONS À L'AIL

2 c. à soupe d'huile d'olive extra vierge

200 g (2 tasses) de pain baguette, coupé en dés

1 c. à soupe de beurre

1 gousse d'ail

VINAIGRETTE

1 jaune d'œuf

1 c. à soupe de moutarde de Dijon

3 c. à soupe de câpres, hachées

1 gousse d'ail, émincée

Un trait de sauce Worcestershire

Quelques gouttes de Tabasco

1 c. à soupe de vinaigre de vin rouge

125 ml (1/2 tasse) d'huile végétale (de canola de préférence)

Le jus de 1/2 citron

Sel et poivre

SALADE

2 laitues romaines, lavées et coupées en morceaux

100 g (1 tasse) de copeaux de parmesan

Croûtons à l'ail

– Dans une poêle, à feu moyen, chauffer l'huile et dorer les dés de pain.

– Ajouter le beurre au centre de la poêle et y faire revenir rapidement l'ail, avant de bien mélanger avec les croûtons. Réserver.

Vinaigrette

– Dans un bol, à l'aide d'un fouet, mélanger le jaune d'œuf, la moutarde, les câpres, l'ail, la sauce Worcestershire, le Tabasco et le vinaigre de vin rouge.

– Ajouter l'huile en filet en fouettant constamment jusqu'à l'obtention d'une mayonnaise.

– Verser le jus de citron et mélanger. Saler et poivrer, au goût.

Salade

– Dans un saladier, mélanger les feuilles de romaine et la vinaigrette. Garnir de croûtons et de copeaux de parmesan, et servir.

NOTE Au printemps, lorsque les pissenlits sont présents à profusion, récoltez les feuilles avant que les fleurs n'éclosent, lavez-les et utilisez-les en guise de salade. C'est une verdure délicieuse et excellente pour la santé.

SALADE DE CANTALOUP, DE FETA ET DE BASILIC

PORTIONS **6**

PRÉPARATION **5 MIN**

REPOS **20 MIN**

SE CONGÈLE ? **NON**

L'harmonie est parfaite dans les saveurs estivales de cette salade. Grâce à l'alliance rafraîchissante du cantaloup juteux, du savoureux fromage feta et du basilic frais, elle vous emmènera en un instant sous un chaud soleil d'été. Cette recette nous rappelle nos pique-niques parisiens avec nos amis...

1 litre (4 tasses) de cantaloup, coupé en cubes de 2 cm (3/4 po)

300 g (2 tasses) de fromage feta, coupé en cubes de 1 cm (1/2 po)

10 feuilles de basilic frais, hachées

Le zeste de 1/2 citron

2 c. à soupe d'huile d'olive extra vierge

1 c. à soupe de vinaigre de xérès ou de vinaigre de cidre de pomme

– Dans un bol, mélanger le cantaloup, le fromage feta, le basilic et le zeste de citron.

– Verser l'huile d'olive et le vinaigre en filet. Mélanger délicatement pour ne pas briser les cubes de cantaloup et de feta.

– Réfrigérer 20 minutes avant de servir pour permettre aux saveurs de se développer.

NOTE Au Québec, le cantaloup est un melon à chair orangée, son goût est sucré et parfumé. Il est aussi connu sous le nom de « melon de Cavaillon » en France.

SALADE DU JARDIN

Incontournable de l'été, la salade du jardin est une ode à la fraîcheur et à la simplicité. Lorsque le potager offre ses premiers légumes, il n'y a rien de tel que cette salade croquante. Pour couronner le tout, une vinaigrette crémeuse au vinaigre de cidre de pomme vient sublimer ce délice.

PORTIONS **4**

PRÉPARATION **10 MIN**

SE CONGÈLE ? **NON**

125 ml (1/2 tasse) de crème 35 % de matières grasses (de type crème à fouetter)

2 c. à soupe de vinaigre de cidre de pomme

2 c. à café de poudre d'ail

1 c. à café de poudre d'oignon

4 radis, coupés en tranches

2 concombres libanais, coupés en cubes

2 tomates, coupées en cubes

1 oignon vert, ciselé

2 c. à soupe de ciboulette, hachée finement

3 c. à soupe d'aneth, ciselé

1 laitue frisée, coupée en morceaux

Poivre, au goût

- Dans un grand bol, mélanger la crème, le vinaigre, les poudres d'ail et d'oignon, et du poivre. La combinaison crème-vinaigre permettra d'épaissir la préparation et rendra la vinaigrette crémeuse.
- Ajouter les radis, les concombres, les tomates, l'oignon vert, l'aneth et la ciboulette. Bien mélanger.
- Ajouter la laitue frisée, mélanger de nouveau et servir.

NOTE Vous pouvez mettre la salade en attente au frais, sans la mélanger pour éviter de la ramollir. Touillez-la au moment de servir.

SALADE DE RAPINIS ET DE HALLOUMI

PORTIONS **4**

PRÉPARATION **10 MIN**

CUISSON **10 MIN**

SE CONGÈLE ? **NON**

Cette recette allie harmonieusement la fraîcheur croquante des rapinis, légèrement blanchis pour conserver leur vitalité, à la gourmandise crémeuse du halloumi grillé à la perfection. Une salade qui séduit à la fois par sa finesse et son caractère audacieux.

2 litres (8 tasses) d'eau

Une grosse pincée de sel

1 litre (4 tasses) de rapinis (environ 2 bottes), coupés en tronçons

160 g (1 tasse) de halloumi (1 bloc), coupé en tranches de 5 mm (1/4 po) d'épaisseur

3 gousses d'ail confit (page 24)

3 c. à soupe d'huile d'olive extra vierge ou d'huile d'ail confit (page 24)

1/4 c. à café de flocons de piment

Le jus et le zeste de 1 citron

Sel et poivre

– Dans une grande casserole, à feu vif, verser l'eau, saler et porter à ébullition.

– Ajouter les rapinis et les blanchir 4 ou 5 minutes. Égoutter et rincer à l'eau très froide pour arrêter la cuisson.

– Dans une poêle, à feu moyen-vif, griller les tranches de halloumi quelques minutes de chaque côté ou jusqu'à ce qu'elles dorent. Réserver.

– Dans un grand bol, écraser les gousses d'ail confit. Ajouter l'huile d'olive, les flocons de piment, le jus et le zeste de citron, du sel, du poivre et bien mélanger.

– Ajouter les rapinis cuits et mélanger. Servir avec les tranches de halloumi grillées.

SALADE DE POMMES DE TERRE (*KARTOFFELSALAT*)

PORTIONS **8**

PRÉPARATION **20 MIN**

CUISSON **30 À 35 MIN**

RÉFRIGÉRATION **30 MIN**

SE CONGÈLE ? **NON**

Voici notre recette de *kartoffelsalat*, la célèbre salade de pommes de terre qu'on aime par-dessus tout. Tous ceux qui la dégustent l'adoptent ! On l'a préparée à de nombreuses occasions et absolument personne n'a pu résister à son charme. Elle est devenue un incontournable des fêtes familiales. Un plat qui rassemble et qui réconforte.

8 grosses pommes de terre blanches ou rouges

250 g (1 tasse) de mayonnaise

1 c. à soupe de moutarde de Dijon

8 cornichons à l'aneth, coupés en morceaux + 2 c. à soupe de saumure

60 ml (1/4 tasse) de câpres, coupées finement

6 œufs durs, coupés en morceaux

2 poivrons rouges rôtis, coupés en morceaux (facultatif)

Sel et poivre

– Dans une casserole remplie d'eau bouillante, cuire les pommes de terre de 30 à 35 minutes ou jusqu'à ce qu'elles soient tendres. Égoutter. Laisser refroidir, peler et couper en cubes.

– Dans un grand saladier, mélanger délicatement la mayonnaise, la moutarde de Dijon, les cornichons et la saumure, les câpres, les œufs, les poivrons, si désiré, du sel et du poivre, au goût.

– Ajouter les pommes de terre, mélanger et réfrigérer 30 minutes avant de servir.

SALADE DE BETTERAVES ET DE CHÈVRE

PORTIONS **6**

PRÉPARATION **10 MIN**

CUISSON **1 H 15 MIN**

SE CONGÈLE ? **NON**

Quand vous avez envie de mettre de la couleur dans votre assiette, cette salade rouge et jaune, à base de betteraves et de chèvre, est la solution idéale. Une symphonie gustative, tout simplement !

3 betteraves rouges moyennes, lavées

3 betteraves jaunes moyennes, lavées

3 c. à soupe d'huile d'olive extra vierge

1 1/2 c. à soupe de vinaigre de cidre de pomme ou de vinaigre de vin rouge

1 c. à café de moutarde de Dijon

1 c. à café de miel ou de sirop d'érable

2 branches de thym frais, haché

50 g (2 tasses) de roquette

300 g (2 tasses) de fromage de chèvre, émietté grossièrement

60 g (1/2 tasse) de pacanes rôties

Sel et poivre

– Préchauffer le four à 180 °C (350 °F). Mettre une grille au centre du four.

– Déposer les betteraves sur une plaque de cuisson et cuire au four 1 heure 15 minutes ou jusqu'à ce que la lame d'un couteau s'insère facilement jusqu'au cœur d'une betterave.

– Laisser tiédir quelques minutes. Retirer la peau des betteraves et les couper en cubes d'environ 1,5 cm (2/3 po).

– Dans un grand bol, à l'aide d'un fouet, mélanger l'huile d'olive, le vinaigre, la moutarde de Dijon, le miel, le thym, du sel et du poivre.

– Ajouter les cubes de betteraves et la roquette. Bien mélanger.

– Répartir dans six assiettes, garnir de fromage de chèvre et de pacanes. Servir.

4

PASTA COUP DE CŒUR

CAPELLINI AU CITRON

PORTIONS **4**

PRÉPARATION **5 MIN**

CUISSON **10 MIN**

SE CONGÈLE ? **NON**

Ces *capellini* au citron sont à tomber par terre. Cette création culinaire vous transportera sous le soleil de l'Italie, où la délicatesse des *capellini* rencontre la fraîcheur du zeste de citron. Une combinaison simple, mais exquise, qui vous charmera à chaque bouchée. C'est promis.

1,5 litres (6 tasses) d'eau

Une grosse pincée de sel

4 c. à soupe de beurre

3 gousses d'ail, hachées finement

500 g de capellini

Le zeste de 3 citrons

Le jus de 2 citrons

180 g (2 tasses) de parmesan, râpé finement

Sel et poivre

- Dans une grande casserole, verser l'eau, saler et porter à ébullition. Réserver.
- Dans une grande poêle, à feu vif, faire fondre le beurre et cuire l'ail 1 minute. Ajouter une pincée de sel et du poivre, au goût.
- Verser trois louches d'eau bouillante dans la poêle. Ajouter les *capellini* et mélanger. Quand l'eau commence à s'évaporer, ajouter une autre louche d'eau bouillante, comme pour la cuisson d'un risotto. Procéder de cette façon jusqu'à ce que les pâtes soient *al dente*. Il vous restera de l'eau bouillante, c'est normal.
- Ajouter le zeste et le jus de citron et cuire 30 secondes ou jusqu'à l'obtention de la texture souhaitée.
- Hors du feu, saupoudrer généreusement de parmesan, bien mélanger et servir.

NOTES Les *capellini* sont des pâtes très fines qui cuisent rapidement, ce qui fait de ce plat un délice rapide à préparer. Idéal lorsqu'on est pressé !

Pour faire de votre assiette un chef-d'œuvre, grillez des tranches de citron pour décorer les pâtes.

PÂTES ULTRA RAPIDES AUX FEUILLES DE RIZ

PORTIONS **2**

PRÉPARATION **10 MIN**

CUISSON **1 MIN**

SE CONGÈLE ? **NON**

Faire des pâtes en quelques minutes avec des feuilles de riz... une option délicieusement pratique pour les journées chargées. Cette création culinaire vous offre la simplicité et la rapidité sans compromis sur la saveur. Si vous aimez les pâtes et la cuisine asiatique, vous allez adorer cette recette !

1 gousse d'ail, hachée

1 oignon vert, émincé

1 c. à café de gingembre frais, râpé

1 c. à soupe de graines de sésame

1 c. à café de pâte de piment

1 c. à café de sucre

2 c. à soupe de sauce soya

3 c. à soupe d'huile d'avocat

10 feuilles de riz

1/2 concombre, coupé en tranches très minces à la mandoline

Quelques feuilles de coriandre

– Dans un bol à l'épreuve de la chaleur, mélanger l'ail, l'oignon vert, le gingembre, les graines de sésame, la pâte de piment, le sucre et la sauce soya.

– Dans une casserole, à feu moyen-vif, chauffer l'huile 2 minutes. Quand l'huile est bien chaude, la verser sur le mélange dans le bol de façon à cuire très légèrement l'ail. Réserver.

– Préparer un grand bol d'eau froide. Superposer 5 feuilles de riz et les tremper dans l'eau 30 secondes, en prenant soin de retirer les bulles d'air qui pourraient se former entre elles.

– Retirer les feuilles de l'eau, les déposer dans une assiette allant au four à micro-ondes, verser 3 c. à soupe d'eau et cuire au micro-ondes 30 secondes.

– Placer les feuilles de riz sur une planche à découper et les couper en bandes d'environ 1 cm (1/2 po).

– Procéder de la même manière avec les 5 feuilles de riz restantes.

– Déposer les bandes de pâtes dans la sauce, ajouter la julienne de concombre et garnir de coriandre.

GNOCCHI DE COURGETTE AUX TOMATES CERISES

PORTIONS **4**

PRÉPARATION **15 MIN**

CUISSON **7 MIN**

SE CONGÈLE ? **NON**

C'est l'heure des *gnocchi* ! À la maison, nous les apprécions particulièrement lorsqu'ils sont associés à des légumes. Les *gnocchi* offrent une base consistante, alors que les courgettes apportent un léger goût de noisette et les tomates cerises, une touche de douceur et d'acidité. Une combinaison délicieuse à savourer sans modération.

2,5 litres (10 tasses) d'eau

Une grosse pincée de sel

250 g (1 3/4 tasse) de courgette verte, coupée en cubes de 1 cm (1/2 po)

280 g (1 tasse) de ricotta, bien tassée

300 g (2 tasses) de farine tout usage + au besoin

125 ml (1/2 tasse) d'huile d'olive extra vierge

6 gousses d'ail, coupées en deux

700 g (4 tasses) de tomates cerises, coupées en deux

40 g (1/4 tasse) de noix de pin, grillées

90 g (1 tasse) de parmesan, râpé

8 feuilles de basilic frais

Sel et poivre

– Dans une grande casserole, à feu vif, verser l'eau, saler et porter à ébullition.

– Au robot culinaire, mixer la courgette, la ricotta et la farine jusqu'à la formation d'une boule de pâte.

– Déposer la pâte sur le plan de travail. Si elle est trop collante, ajouter un peu de farine. Rouler la pâte en un cylindre de 1,5 cm (2/3 po) de diamètre et le couper en tronçons de 2 cm (3/4 po). Réserver.

– Dans une poêle, à feu vif, chauffer l'huile. Cuire l'ail et les tomates 5 minutes ou jusqu'à ce que les tomates soient légèrement confites.

– Plonger les *gnocchi* dans l'eau bouillante. Quand ils flottent à la surface, cuire 2 minutes encore. Égoutter les *gnocchi* en réservant 60 ml (1/4 tasse) d'eau de cuisson.

– Ajouter les *gnocchi* à la préparation aux tomates et, au besoin, ajouter l'eau de cuisson réservée (si les tomates sont très juteuses, ce ne sera pas nécessaire). Saler et poivrer, au goût.

– Garnir de noix de pin, de parmesan et de basilic. Servir.

MAC AND CHEESE

PORTIONS **6**

PRÉPARATION **15 MIN**

CUISSON **20 MIN**

SE CONGÈLE ? **OUI**

Ce plat allie la simplicité des pâtes au fromage fondant et une onctueuse sauce qui ravira vos papilles. Que vous soyez un amateur de *comfort food* ou que vous cherchiez une option rapide et délicieuse pour un repas en famille, ce *mac and cheese* est un incontournable.

450 g (3 tasses) de macaroni

3 c. à soupe de beurre

2 gousses d'ail, hachées finement

3 c. à soupe de farine tout usage

500 ml (2 tasses) de lait

Une pincée de muscade ou de piment de Cayenne

240 g (2 tasses) de fromage cheddar fort, râpé, divisé

180 g (2 tasses) de parmesan, râpé, divisé

80 g (1/2 tasse) de chapelure

Sel et poivre

– Préchauffer le gril (*broil*) du four. Mettre une grille au centre du four.

– Dans une grande casserole d'eau bouillante salée, cuire les pâtes selon les indications sur l'emballage. Égoutter et réserver.

– Pendant la cuisson des pâtes, dans une casserole, à feu moyen-vif, faire fondre le beurre et cuire l'ail 1 minute. Ajouter la farine et mélanger au fouet 1 minute. Verser le lait peu à peu, en fouettant, pour éviter la formation de grumeaux. Porter à ébullition en remuant constamment. Saler et poivrer, au goût. Ajouter la muscade ou le piment de Cayenne et la moitié du cheddar et du parmesan.

– Incorporer les pâtes, bien mélanger et verser dans un plat de cuisson de 20 cm (8 po) de côté. Saupoudrer le reste des fromages et la chapelure.

– Faire dorer sous le gril du four jusqu'à ce que le fromage soit fondu.

PÂTES BARBIE

PORTIONS **4**

PRÉPARATION **5 MIN**

CUISSON ENVIRON **10 MIN**

SE CONGÈLE ? **NON**

Depuis nos vidéos 24 heures couleurs, vous savez que nous adorons manger des plats colorés. Aujourd'hui, nous partageons avec vous notre plat préféré, les *pink pasta*. C'est une célébration de la couleur et du goût. Un plat qui apporte de la joie à chaque bouchée.

500 g de fusilli

3 c. à soupe de yogourt nature

1 betterave moyenne crue, pelée et râpée finement

1/2 concombre avec la peau, râpé finement et essoré dans un essuie-tout

3 branches d'aneth, coupées finement

1 c. à soupe d'huile d'olive extra vierge

Le jus de 1/2 citron

40 g (1/4 tasse) de noix de pin, grillées

100 g (1 tasse) de parmesan, en copeaux

Sel et poivre

– Dans une grande casserole d'eau bouillante salée, cuire les *fusilli* selon les indications sur l'emballage.

– Pendant ce temps, dans un grand bol, mélanger le yogourt, la betterave, le concombre, l'aneth, l'huile d'olive et le jus de citron. Saler et poivrer, au goût.

– Égoutter les pâtes et les ajouter à la sauce rose. Mélanger. Garnir de noix de pin et de parmesan. Servir.

RECETTE DE BASE DES PÂTES FRAÎCHES

PORTIONS **2 À 3**

PRÉPARATION **10 MIN**

CUISSON **2 MIN**

RÉFRIGÉRATION **30 MIN**

SE CONGÈLE ? **OUI, UNE FOIS DÉCOUPÉES À LA FORME SOUHAITÉE**

Pour faire des pâtes fraîches à la maison, vous n'avez besoin que de quelques ingrédients simples, d'un peu de temps et d'amour. Laissez-vous guider par cette recette et préparez-vous à savourer des pâtes qui vous propulseront en Italie.

300 g (2 tasses) de farine blanche tout usage

100 g (1/2 tasse) de semoule de blé dur extra fine

4 œufs, à température ambiante

- Sur un plan de travail propre (voir Notes), mélanger la farine et la semoule et creuser un puits au centre.
- Casser les œufs dans le puits et, à l'aide d'une fourchette, les battre en tournant au centre du puits jusqu'à l'obtention d'une texture sablonneuse uniforme. Pétrir du bout des doigts pour former une boule.
- Avec la paume de la main, pétrir la préparation environ 5 minutes ou jusqu'à la formation d'une boule lisse et qui ne colle pas. La texture doit être élastique et, sous la pression du doigt, l'empreinte doit disparaître doucement.
- Envelopper la pâte d'une pellicule de plastique et réfrigérer 30 minutes pour que le gluten se détende.
- À l'aide d'un rouleau à pâtisserie, abaisser la pâte à une épaisseur de 1,5 mm (2/3 po) et découper à la forme souhaitée (ou utiliser un laminoir à pâtes).
- Dans une grande casserole d'eau bouillante salée, cuire les pâtes 2 minutes (c'est ultra rapide).
- Égoutter et servir accompagné de la sauce désirée.

NOTES Vous pouvez aussi mixer tous les ingrédients au robot culinaire jusqu'à la formation d'une boule.

Accompagnez ces pâtes fraîches de pesto de fanes de carottes (page 88).

RAVIOLI À LA RICOTTA, ŒUF COULANT ET BEURRE À LA SAUGE

DONNE **10 RAVIOLIS**

PRÉPARATION **1 H**

CUISSON **5 MIN**

SE CONGÈLE ? **NON**

Une recette qui impressionnera vos invités à coup sûr. Préparez-vous à une expérience culinaire qui vous fera dire : « Je ne peux pas croire que j'ai fait ça moi-même ! » C'est comme un voyage gourmand dans les rues de l'Italie.

FARCE

3 c. à soupe d'eau

80 ml (1/3 tasse) d'épinards cuits, égouttés et pressés (environ 150 g/5 tasses d'épinards frais)

280 g (1 tasse) de ricotta, bien tassée

Le zeste de 1 citron + 1 c. à soupe de jus

Une pincée de noix de muscade

Sel et poivre

PÂTE AUX FINES HERBES

1 recette de base de pâtes fraîches (page 84)

Quelques feuilles d'herbes fraîches (basilic, persil, sauge...)

Quelques fleurs comestibles

Farce

– Au mélangeur, réduire en purée l'eau et les épinards. Ajouter le reste des ingrédients et réduire en une purée lisse et crémeuse.

Pâte aux fines herbes

– Diviser la boule de pâte fraîche en quatre parts égales. À l'aide d'un rouleau à pâtisserie ou d'un laminoir, abaisser chaque part de pâte de façon à obtenir quatre bandes d'environ 65 cm × 14 cm (25 1/2 po × 5 1/2 po) et 1 mm (1/16 po) d'épaisseur.

– Disposer les fines herbes et les pétales de fleurs sur deux bandes de pâte et couvrir des deux autres bandes.

– Abaisser de nouveau la pâte au rouleau à pâtisserie ou au laminoir jusqu'à ce que les deux bandes aient environ 80 cm × 14 cm (31 1/2 po × 5 1/2 po) et 1 mm (1/16) d'épaisseur. Fines herbes et fleurs apparaîtront en s'écrasant légèrement dans la pâte.

ASSEMBLAGE

10 jaunes d'œufs

100 g (1/2 tasse) de beurre

6 feuilles de sauge fraîche

90 g (1 tasse) de parmesan, râpé

Assemblage

– Transvider la farce dans une poche à pâtisserie. Déposer la farce en 10 cercles de 5 cm (2 po) de diamètre sur une bande de pâte. Ajouter 1 jaune d'œuf au centre de chaque cercle.

– Humidifier le pourtour de chaque cercle d'un peu d'eau fraiche et couvrir de l'autre bande de pâte. Découper les grands *ravioli* avec un emporte-pièce ou un petit bol de 10 cm (4 po) de diamètre.

– Dans une casserole d'eau bouillante salée, cuire les *ravioli* 3 minutes.

– Pendant ce temps, dans une poêle, à feu moyen-doux, faire fondre le beurre. Ajouter la sauge et laisser infuser quelques minutes.

– Servir les *ravioli* dans une assiette creuse, ajouter le beurre parfumé à la sauge et saupoudrer de parmesan.

NOTE Utilisez les chutes de pâte aux herbes : découpez-les pour en faire des spaghettis ultra goûteux.

PESTO DE FANES DE CAROTTES

DONNE **375 ML (1 1/2 TASSE)**

PRÉPARATION **10 MIN**

SE CONGÈLE ? **OUI**

Nous vous proposons ici une approche zéro déchet, idéale pour les mordus de jardinage qui veulent utiliser les feuilles de leurs carottes, à défaut de les donner aux lapins ! Oui, vous avez bien lu, nous allons transformer ces fanes en un délicieux pesto maison. Un vrai régal !

60 g (2 tasses) de fanes de carottes, bien nettoyées et légèrement tassées, sans les tiges

60 g (1/2 tasse) de noix de Grenoble, grillées

2 gousses d'ail

90 g (1 tasse) de parmesan, râpé finement

Le jus de 1 citron

180 ml (3/4 tasse) d'huile d'olive extra vierge + un filet

Sel et poivre, au goût

- Au robot culinaire, mixer les fanes de carottes, les noix, l'ail, le parmesan, le jus de citron, du sel et du poivre quelques minutes ou jusqu'à ce que les ingrédients soient hachés très finement, presque en purée.

- Ajouter l'huile en filet en continuant de mélanger jusqu'à ce que la préparation épaississe et prenne la texture d'un pesto.

- Transvider dans un contenant, ajouter un filet d'huile d'olive pour couvrir le dessus du pesto et ainsi éviter l'oxydation. Fermer hermétiquement.

- Se conserve 2 semaines au réfrigérateur et 6 mois au congélateur. À chaque utilisation, ajouter de l'huile d'olive à la surface pour bien protéger le pesto de l'oxydation.

NOTES Servir ce pesto avec des pâtes fraîches (page 84) ou des pâtes aux épinards deux ingrédients (page 89).

Vous pouvez remplacer les fanes de carottes par du basilic, évidemment.

PÂTES AUX ÉPINARDS DEUX INGRÉDIENTS

Comment décrire cette recette ? « Seulement deux ingrédients et super délicieux » ou « Quand t'es pressé, mais que tu veux manger une portion de légumes »... Elle se prépare littéralement en 5 minutes et est vraiment délicieuse. Le grand plus : les enfants adorent la préparer et surtout la dévorer, même avec les épinards ! On vous recommande d'utiliser une balance pour doser les ingrédients avec plus de précision.

PORTIONS **2**

PRÉPARATION **5 MIN**

CUISSON **3 MIN**

SE CONGÈLE ? **NON**

2 litres (8 tasses) d'eau

140 g (4 1/2 tasses) de jeunes épinards frais, bien tassés

150 g (1 tasse) de farine tout usage + au besoin

4 c. à soupe de pesto, pour servir

Sel

– Dans une grande casserole, à feu vif, verser l'eau et ajouter une grosse pincée de sel. Porter à ébullition.

– Pendant ce temps, au robot culinaire, mixer les épinards, la farine et une pincée de sel jusqu'à la formation d'une boule de pâte. Ajouter un peu de farine si la pâte est trop collante.

– Avec des ciseaux, découper la pâte en quenelles d'environ 2,5 cm (1 po) de longueur et les déposer sur un plan de travail fariné.

– Plonger les pâtes dans l'eau bouillante et cuire 3 minutes ou jusqu'à ce qu'elles remontent à la surface.

– Égoutter et servir avec du pesto (voir Note).

NOTE Essayez notre recette de pesto de fanes de carottes (page 88), un délice.

5

SOUPES ET BOLS RÉCONFORTANTS

PORTIONS **6**

PRÉPARATION **15 MIN**

REPOS **35 MIN**

CUISSON **20 MIN**

SE CONGÈLE ? **OUI, POUR LE DASHI**

SOUPE MISO REVISITÉE

Plongez dans ce bol de soupe miso, c'est tellement bon que vous en redemanderez ! Si vous n'avez pas le temps de réaliser votre propre dashi, achetez-le en sachets à faire infuser. Préparez-vous pour une aventure gourmande à chaque cuillerée.

DASHI (BOUILLON ASIATIQUE)

1,5 litre (6 tasses) d'eau

1 feuille de kombu d'environ 10 cm × 15 cm (4 po × 6 po), en petits morceaux

10 g (2 tasses non tassées) de flocons de bonite séchée

SOUPE MISO

3 c. à soupe de feuilles de wakamé séché

20 g (1/3 tasse) de champignons shiitakes séchés, en petits morceaux

1,5 litre (6 tasses) de dashi

1 morceau de gingembre frais de 2,5 cm (1 po)

350 g (1 bloc) de tofu soyeux, coupé en cubes de 1 cm (1/2 po)

140 g (1/2 tasse) de pâte de miso blanc

2 oignons verts, hachés finement

Dashi

– Dans une casserole à feu vif, porter l'eau à ébullition, puis éteindre le feu.

– Ajouter le kombu et laisser infuser 5 minutes.

– Ajouter la bonite séchée, bien mélanger, couvrir et laisser infuser 15 minutes.

– Filtrer la préparation dans une passoire fine (ou un tamis), puis remettre le bouillon filtré dans la casserole.

Soupe miso

– Dans un grand bol d'eau froide, réhydrater le wakamé 5 minutes. Égoutter.

– Dans un bol d'eau bouillante, réhydrater les shiitakes 10 minutes. Égoutter.

– À feu moyen, réchauffer le dashi sans le faire bouillir. Ajouter le gingembre et le tofu.

– Déposer une fine passoire (ou un tamis) sur la casserole de manière qu'il touche le dashi. Ajouter le miso et le presser à travers les mailles pour le délayer sans briser les cubes de tofu.

– Répartir la soupe dans des bols, ajouter les shiitakes, le wakamé et les oignons verts. Servir.

SOUPE À L'OIGNON

PORTIONS **6**

PRÉPARATION **15 MIN**

CUISSON **40 MINUTES**

SE CONGÈLE ? **OUI, SANS LE PAIN ET LE FROMAGE**

Ah, la soupe à l'oignon française, le *comfort food* par excellence ! Alors lançons-nous dans cette aventure oignonesque. Attrapez vos oignons et votre sens de l'humour, nous allons transformer ces humbles bulbes en une soupe délicieuse. La seule recette où les oignons vous feront verser des larmes de joie !

2 c. à soupe d'huile d'olive extra vierge

1 c. à soupe de beurre

6 oignons jaunes moyens, hachés finement

3 gousses d'ail, hachées finement

3 c. à soupe de farine tout usage

125 ml (1/2 tasse) de vin blanc

1 c. à café de sauce Worcestershire

1 branche de thym

2 feuilles de laurier

1,5 litre (6 tasses) de bouillon de légumes

6 tranches de pain grillé

200 g (2 tasses) de gruyère, râpé

Sel et poivre

- Préchauffer le four à 200 °C (400 °F). Mettre une grille au centre du four.
- Dans une grande casserole, à feu moyen-vif, chauffer l'huile et le beurre. Cuire les oignons de 5 à 10 minutes ou jusqu'à ce qu'ils deviennent translucides et dorés.
- Ajouter l'ail et cuire 30 secondes.
- Incorporer la farine et bien mélanger à l'aide d'une cuillère en bois.
- Déglacer avec le vin blanc, en raclant le fond de la casserole avec la cuillère.
- Ajouter la sauce Worcestershire, le thym et le laurier. Verser le bouillon de légumes. Saler et poivrer, au goût. Porter à ébullition, réduire à feu doux et laisser mijoter 15 minutes.
- Répartir la soupe chaude dans six ramequins. Ajouter 1 tranche de pain grillé sur chaque ramequin et garnir généreusement de gruyère.
- Cuire au four 10 minutes ou jusqu'à ce que le fromage soit fondu et doré. Retirer les bols du four avec précaution et servir.

NOTE C'est super chaud… ne mangez pas trop vite !

SOUPE AUX TOMATES

PORTIONS **6**

PRÉPARATION **5 MIN**

CUISSON **17 MIN**

SE CONGÈLE ? **OUI**

À la fin de l'été, quand le jardin nous comble de ses merveilles et qu'on ne sait plus quoi faire de nos tomates qui mûrissent à la vitesse grand V, la solution se trouve juste ici ! Cette soupe est parfaite avec notre toast à l'avocat (page 23) ou nos croûtons façon soupe à l'oignon (page 36).

2 c. à soupe de beurre

2 c. à soupe d'huile d'olive extra vierge + pour servir

1 gros oignon rouge, haché finement

3 gousses d'ail, hachées finement

1,5 kg (6 tasses) de tomates, coupées en gros morceaux (garder la peau, les pépins et le jus)

2 branches de thym frais

250 ml (1 tasse) d'eau, au besoin (voir Note)

Huile d'ail confit (page 24) (facultatif)

Sel et poivre

- Dans une grande casserole, à feu vif, chauffer le beurre et l'huile. Cuire l'oignon et l'ail 2 minutes.
- Ajouter les tomates, le thym, du sel et du poivre, au goût. Porter à ébullition, réduire à feu moyen-doux et cuire 15 minutes en vérifiant de temps à autre s'il est nécessaire d'ajouter de l'eau.
- Retirer les branches de thym. Au mélangeur ou au pied-mélangeur, mixer jusqu'à ce que la préparation soit homogène.
- Déposer la préparation dans une passoire fine (ou un tamis) posée sur un bol en écrasant bien les peaux et les pépins avec une louche (conserver les peaux et les pépins au congélateur pour les ajouter plus tard dans un bouillon de légumes maison). Rectifier l'assaisonnement au besoin.
- Servir chaud ou froid, avec un filet d'huile d'olive ou d'huile d'ail confit.

NOTE En fonction des variétés de tomates que vous allez utiliser, il se peut que vous deviez ajouter un peu d'eau en cours de cuisson pour éviter que la soupe soit trop épaisse.

SOUPE DE LENTILLES ET *KNÖDEL*

PORTIONS **6**

PRÉPARATION **30 MIN**

CUISSON **45 MIN**

SE CONGÈLE ? **OUI**

Un classique parmi les classiques chez nous ! Laissez-vous transporter au cœur de l'Allemagne avec cette soupe-repas riche en saveurs et très nourrissante. De la *comfort food* allemande qui surprendra vos papilles. À la maison, on adore la petite touche légèrement acidulée qu'apporte à notre soupe le vinaigre de cidre de pomme. Et vous ? La photo de cette recette se trouve à la page 102.

SOUPE DE LENTILLES

3 c. à soupe d'huile d'olive

1 c. à soupe de beurre

2 oignons, émincés

3 gousses d'ail, émincées

2 tomates moyennes, pelées (voir Note)

2 pincées de sel

400 g (2 tasses) de lentilles brunes, rincées

2 litres (8 tasses) de bouillon de légumes

4 carottes, coupées en tranches de 1 cm (1/2 po) d'épaisseur

1 c. à soupe de fécule de maïs

2 c. à soupe de lait

Vinaigre de cidre de pomme (facultatif)

Soupe de lentilles

– Dans une casserole, à feu moyen-vif, chauffer l'huile d'olive et le beurre. Cuire les oignons et l'ail 2 minutes ou jusqu'à ce que les oignons soient translucides.

– Ajouter les tomates et le sel. Cuire 1 minute.

– Ajouter les lentilles et le bouillon, porter à ébullition et cuire 15 minutes à feu moyen-doux en mélangeant de temps à autre.

– Ajouter les carottes et poursuivre la cuisson 10 minutes ou jusqu'à ce qu'elles soient tendres, mais encore fermes. Réserver.

Knödel

– Porter une grande casserole d'eau à ébullition.

– Dans un bol, à l'aide d'un fouet, mélanger la crème sure, les œufs, l'aneth, du sel et du poivre, au goût. Incorporer la farine et fouetter jusqu'à la formation d'une pâte épaisse.

– À l'aide de deux cuillères à soupe trempées dans de l'eau bouillante, réaliser des quenelles de pâte et les plonger dans l'eau en ébullition. Lorsque les quenelles remontent à la surface, soit après environ 2 minutes, poursuivre la cuisson 5 minutes.

Finition

- Égoutter les *knödel* et les ajouter à la soupe de lentilles. Remettre la soupe à chauffer à feu moyen-vif.

- Dans un petit bol, à l'aide d'un fouet, mélanger la fécule de maïs et le lait jusqu'à ce qu'il n'y ait plus de grumeaux. Verser dans la soupe et porter à ébullition. Cuire 2 minutes pour permettre à la soupe d'épaissir et à la farine de cuire.

- Répartir la soupe dans les bols. Arroser d'un filet de vinaigre de cidre de pomme, si désiré. Garnir d'un brin d'aneth et servir.

KNÖDEL

180 ml (3/4 tasse) de crème sure

2 œufs

10 branches d'aneth, hachées très finement + pour garnir

225 g (1 1/2 tasse) de farine tout usage

Sel et poivre

NOTE Pour retirer facilement la peau des tomates, congelez-les. Au moment de préparer vos ingrédients pour cette recette, sortez 2 tomates du congélateur et laissez-les décongeler. Il sera ensuite très facile de retirer la peau et de mettre les tomates en morceaux. On peut aussi utiliser la méthode classique : plongez les tomates dans une casserole d'eau bouillante 1 minute ou jusqu'à ce que la peau commence à fendiller. Retirez-les de la casserole avec une écumoire et passez-les sous l'eau froide pour les rafraîchir. La peau s'enlèvera très facilement.

TAJINE MAROCAIN VÉGÉTARIEN

PORTIONS **4**

PRÉPARATION **30 MIN**

CUISSON **1 H 30 MIN**

SE CONGÈLE ? **OUI**

Ce plat délicieusement parfumé est un véritable hommage à la cuisine marocaine. Il vous fera voyager à coup sûr. Succombez au charme de ce tajine végé, un plat convivial qui va conquérir le cœur de tous vos invités.

180 ml (3/4 tasse) d'eau

1 c. à café de curcuma

10 à 12 brins de safran

2 gousses d'ail, hachées finement

1 c. à soupe de gingembre frais, haché finement ou râpé

2 c. à soupe de persil plat frais, haché finement

1 c. à soupe de sel

1 c. à café de poivre

4 pommes de terre, coupées en gros bâtonnets

3 courgettes, coupées en gros bâtonnets

20 haricots verts ou jaunes

4 grosses carottes, coupées en bâtonnets

2 oignons, coupés en quartiers

2 tomates, coupées en tranches

3 c. à soupe d'huile d'olive extra vierge

1 citron confit, coupé en petits quartiers

150 g (1 tasse) d'olives Kalamata

– Dans un grand bol, mélanger l'eau, le curcuma, le safran, l'ail, le gingembre, le persil, le sel et le poivre. Déposer les pommes de terre dans la préparation et mélanger pour bien les enrober. Les retirer de l'eau à l'aide d'une écumoire et les réserver dans une assiette.

– Répéter l'opération avec les courgettes, les haricots, les carottes, les oignons et les tomates.

– Une fois que tous les légumes ont été trempés dans le mélange d'épices, commencer l'assemblage (conserver l'eau épicée). Dans un tajine (allant sur la cuisinière), verser l'huile d'olive. Ajouter, dans l'ordre, les oignons, les pommes de terre, les courgettes, les haricots, les carottes, les tomates, le citron confit et les olives. Verser le reste de l'eau épicée et couvrir.

– À feu moyen-doux, cuire 1 heure 30 minutes en s'assurant qu'il reste toujours du bouillon au fond du tajine. Au besoin, ajouter un peu d'eau bouillante.

– Déguster avec de la semoule de blé, de type couscous.

NOTE Pas de plat à tajine ? Pas de problème ! Une cocotte en fonte fera très bien l'affaire, tout comme un simple faitout ou une grande casserole. Il faut de préférence un récipient doté d'un couvercle assez hermétique, car le tajine cuit à l'étouffée ; la vapeur ne doit donc pas s'échapper complètement, sinon il sera trop sec ou, pire, collé au fond !

RAMEN AU TOFU

PORTIONS **4**

PRÉPARATION **10 MIN**

CUISSON **10 MIN**

SE CONGÈLE ? **OUI**

Comment pimper son ramen ? En combinant œufs et tofu, cette recette devient encore plus gourmande et crémeuse. Cette préparation va chatouiller votre palais et vous plonger dans l'art culinaire japonais.

2 litres (8 tasses) d'eau

Une grosse pincée de sel

2 c. à soupe de beurre

3 gousses d'ail, hachées finement

1 c. à café de sauce sriracha

2 c. à soupe de sirop d'érable

4 c. à soupe de sauce soya

350 g (1 bloc) de tofu extra ferme, en cubes de 2 cm (3/4 po)

4 paquets de ramen du commerce

3 œufs, battus

5 g (1 paquet) de feuilles d'algues séchées au sel marin, coupées en petits morceaux

80 g (1/2 tasse) de noix de cajou, hachées

– Dans une grande casserole, verser l'eau, ajouter le sel et porter à ébullition.

– Dans une grande poêle, à feu vif, faire fondre le beurre. Cuire l'ail, la sauce sriracha, le sirop d'érable et la sauce soya 2 minutes.

– Verser 60 ml (1/4 tasse) d'eau bouillante dans la poêle, ajouter le tofu et cuire 5 minutes, le temps de bien le parfumer avec la sauce.

– Cuire les ramen dans l'eau bouillante selon les indications inscrites sur l'emballage. Égoutter et ajouter à la sauce et au tofu.

– Incorporer les œufs, mélanger 2 minutes pour cuire les œufs en s'assurant qu'ils restent crémeux.

– Répartir le ramen dans 4 bols. Garnir d'algues et de noix de cajou. Servir.

6

PLATS PRINCIPAUX

PIZZA ET FOCACCIA MAISON

DONNE **2 PIZZAS OU 2 FOCACCIAS**

PRÉPARATION **5 MIN**

REPOS **1 H 30 MIN + 30 MIN POUR LA FOCACCIA**

CUISSON **15 À 25 MIN**

SE CONGÈLE ? **OUI**

Si vous avez déjà regardé nos vidéos sur YouTube, vous avez sans doute entendu Isaac crier « Pizzzaaaaaa » chaque fois qu'il en aperçoit une ! C'est son plat préféré... Aujourd'hui, nous partageons avec vous notre recette de pâte à pizza maison, qui est un vrai régal pour nous. Plus besoin de faire appel à la livraison, car la meilleure pizza de la ville est désormais à portée de main. De plus, avec cette recette, vous pouvez aussi réaliser des focaccias extraordinaires.

INGRÉDIENTS (PÂTE)

500 g (3 1/4 tasses) de farine tout usage + au besoin

1 c. à café de sucre

1 c. à café de sel

1 c. à soupe de levure instantanée de type Fleischmann's (levure boulangère sèche)

300 ml (1 tasse + 3 c. à soupe) d'eau

1 c. à soupe d'huile d'olive extra vierge + pour le bol

Pâte

– Dans un grand bol, à la cuillère, mélanger rapidement la farine, le sucre, le sel et la levure.

– Verser l'eau et l'huile. Mélanger à la cuillère jusqu'à ce que le tout soit aggloméré. Pétrir avec les doigts jusqu'à la formation d'une boule de pâte.

– Sur un plan de travail non fariné, pétrir la pâte avec la paume de la main 5 minutes ou jusqu'à ce que la texture soit lisse et élastique. Ajouter de la farine si la pâte est trop collante.

– Déposer dans un bol propre légèrement huilé, couvrir d'une pellicule de plastique et laisser reposer à température ambiante 1 heure 30 minutes.

– Quand la pâte a bien gonflé, la diviser en deux et l'utiliser immédiatement. On peut aussi la couvrir et la réfrigérer jusqu'à 48 heures, ou l'envelopper dans une pellicule de plastique et la congeler.

Pizzas

– Abaisser les boules de pâte sur des plaques à pizza de 30 cm (12 po) de diamètre. Garnir au goût. Cuire au four à 220 °C (425 °F) sur la grille du centre de 15 à 25 minutes, selon les garnitures choisies.

Focaccias

– Déposer les boules de pâte dans des moules ronds de 20 cm (8 po) de diamètre huilés. Verser 60 ml (1/4 tasse) d'huile d'ail confit (page 24) ou d'huile d'olive en filet, puis appuyer avec les doigts partout dans la pâte pour la faire pénétrer. Couvrir et laisser gonfler 30 minutes. Garnir d'olives vertes, de fromage feta, de thym ou de romarin et de zeste de citron. Cuire au four à 180 °C (350 °F) sur la grille du centre, 18 minutes.

TOFU À L'ORANGE ET AU GINGEMBRE

PORTIONS **4**

PRÉPARATION **10 MIN**

CUISSON **10 MIN**

SE CONGÈLE ? **OUI**

Qui a dit que le tofu était ennuyeux ? Certainement pas nous ! Les saveurs vives de l'orange et du gingembre dansent en harmonie avec le tofu pour créer une expérience gustative unique. Savoureux, original et gourmand !

350 g (1 bloc) de tofu ferme

3 c. à soupe de fécule de maïs, divisée

1 c. à soupe de poudre d'ail

1 c. à café de poudre d'oignon

2 c. à soupe d'huile d'olive extra vierge

2 c. à soupe de gingembre frais, râpé ou haché finement

250 ml (1 tasse) de jus d'orange

1 c. à soupe de sirop d'érable

1 c. à soupe de sauce soya

1/4 c. à café de piment de Cayenne

Sel et poivre

POUR SERVIR

750 ml (3 tasses) de riz blanc ou de quinoa, cuit

2 oignons verts, émincés

2 c. à soupe de graines de sésame

– Presser le bloc de tofu dans de l'essuie-tout pour retirer le maximum d'humidité. Le couper en cubes de 2 cm (3/4 po).

– Dans un bol, mélanger le tofu, 2 c. à soupe de fécule de maïs, les poudres d'ail et d'oignon, du sel et du poivre, au goût.

– Dans une poêle, à feu vif, chauffer l'huile et cuire le tofu 4 minutes ou jusqu'à ce qu'il soit bien doré. Réserver dans une assiette.

– Dans un bol, mélanger le gingembre, le jus d'orange, le sirop d'érable, la sauce soya, le piment de Cayenne et 1 c. à soupe de fécule de maïs.

– Dans la poêle qui a servi à cuire le tofu, à feu vif, verser la préparation à l'orange et porter à ébullition. Cuire jusqu'à ce que la sauce ait épaissi.

– Ajouter le tofu dans la sauce et mélanger. Servir sur du riz ou du quinoa cuit. Garnir d'oignons verts et de graines de sésame.

POULET AU BEURRE VÉGANE

PORTIONS **6**

PRÉPARATION **15 MIN**

REPOS **10 MIN**

CUISSON **15 MIN**

SE CONGÈLE ? **OUI**

Qui a dit que les véganes ne pouvaient pas savourer un délicieux « poulet » au beurre ? Ce plat est riche et crémeux comme son homologue non végane, et plein de protéines grâce à la sauce aux noix de cajou. Vous allez vous régaler et convaincre tout le monde de manger plus souvent des pois chiches.

40 g (1/4 tasse) de noix de cajou crues

2 c. à soupe d'huile végétale ou d'huile d'olive

5 gousses d'ail, hachées

1 gros oignon, haché

1 piment jalapeno, épépiné et haché

2 c. à café de gingembre frais, râpé ou haché finement

1 1/2 c. à soupe de garam masala

1 c. à soupe de coriandre moulue

1 c. à soupe de cumin moulu

1/4 c. à café de piment de Cayenne

Une pincée de sel

1 boîte de 398 ml de tomates en dés

60 ml (1/4 tasse) de concentré de tomates

1 c. à café de sirop d'érable

1 boîte de 400 ml de lait de coco crémeux

2 boîtes de 398 ml de pois chiches, rincés et égouttés

POUR SERVIR

1 litre (4 tasses) de riz blanc, cuit

Quelques feuilles de coriandre fraîche

– Tremper les noix de cajou crues dans de l'eau bouillante 10 minutes pour les ramollir. Égoutter et réserver.

– Dans une grande casserole, à feu moyen-vif, chauffer l'huile et cuire l'ail, l'oignon, le jalapeno et le gingembre 5 minutes. Ajoutez un peu d'eau au besoin pour déglacer la poêle.

– Incorporer le garam masala, la coriandre, le cumin, le piment de Cayenne et le sel. Cuire 1 minute, en remuant constamment pour griller les épices.

– Ajouter les noix de cajou réservées, les tomates, le concentré de tomates, le sirop d'érable et le lait de coco. À l'aide d'un pied-mélangeur, mixer jusqu'à l'obtention d'une consistance lisse. Laisser mijoter à feu doux de 3 à 5 minutes.

– Ajouter les pois chiches, mélanger et cuire le temps de les réchauffer. Servir sur du riz et garnir de coriandre.

NOTE Excellent avec du pain naan (page 51) !

DUMPLINGS (*GYOZA*) VÉGÉTARIENS

DONNE **50 DUMPLINGS**

PRÉPARATION **1 H 30 MINUTES**

CUISSON **15 MIN (PAR LOT)**

SE CONGÈLE ? **OUI**

Si vous pensez que faire des *gyoza* à la maison, c'est compliqué, détrompez-vous. Ces petits dumplings farcis de légumes savoureux sont une véritable explosion de saveurs à chaque bouchée. C'est l'activité parfaite pour un week-end en famille.

300 g (2 tasses) de farine tout usage

Une grosse pincée de sel

200 ml (3/4 tasse + 1 c. à soupe) d'eau bouillante

2 c. à soupe d'huile d'olive extra vierge

80 ml (1/3 tasse) d'eau tiède

30 g (1/4 tasse) de graines de sésame

2 oignons verts, hachés finement

Sauce soya, au goût

FARCE

350 g (1 bloc) de tofu extra ferme, râpé

1 petit oignon rouge, haché finement

2 gousses d'ail, hachées finement

1 c. à soupe de gingembre frais, râpé

2 c. à soupe de sauce soya

Une pincée de piment d'Espelette

1 c. à café d'huile de sésame grillé

Le jus de ½ citron

Sel et poivre

– Dans un bol, à l'aide d'une fourchette, mélanger la farine, le sel et l'eau bouillante jusqu'à ce que la pâte soit homogène. Pétrir avec les doigts jusqu'à la formation d'une boule.

– Sur un plan de travail non fariné, pétrir la pâte 2 minutes ou jusqu'à ce qu'elle soit bien lisse. Envelopper la pâte d'une pellicule de plastique et réserver à température ambiante, le temps de préparer la farce.

– Dans un bol, mélanger tous les ingrédients de la farce.

– Sur un plan de travail fariné, à l'aide d'un rouleau à pâtisserie, abaisser la pâte pour qu'on voit pratiquement au travers (1 mm/1/16 po d'épaisseur).

– À l'aide d'un emporte-pièce rond de 9 cm (3 ½ po) de diamètre, découper 50 cercles.

– Déposer 1 c. à soupe de farce au centre de chaque cercle. Replier la pâte sur la farce en formant des « vagues » avec le côté du dumpling qui est vers soi, et souder les bords. Humidifier très légèrement la moitié du contour de chaque cercle, au besoin.

– Dans une poêle munie d'un couvercle, à feu vif, chauffer l'huile d'olive et cuire la quantité de dumplings que la poêle peut contenir sans qu'ils se chevauchent. Baisser à feu doux, ajouter l'eau tiède (attention aux éclaboussures), couvrir et laisser cuire 10 minutes. Réserver au chaud et cuire le reste des dumplings de la même façon.

– Déposer les dumplings dans une assiette de service, garnir de graines de sésame et d'oignons verts. Servir avec de la sauce soya.

– 1 

– 2 

– 3 

NOTE Les dumplings non cuits se conservent au réfrigérateur 3 jours et au congélateur 2 mois.

PORTIONS **4**

PRÉPARATION **5 MIN**

REPOS **20 MIN**

CUISSON **3 MIN**

RÉFRIGÉRATION **2 H**

SE CONGÈLE ? **OUI**

TOFU BIRMAN AUX LENTILLES

Mingalabar ! (Bonjour en birman.) Préparez-vous à un délicieux voyage vers la Birmanie, sans passeport ni billet d'avion requis, et découvrez comment transformer des lentilles en « tofu » birman avec cette recette originale.

185 g (1 tasse) de lentilles corail

375 ml (1 1/2 tasse) d'eau bouillante

1 c. à café de sel

250 ml (1 tasse) d'eau froide

Un filet d'huile d'olive extra vierge

POUR SERVIR (AU CHOIX)

Légumes verts et salade

Riz ou quinoa

- Dans un mélangeur couvert, laisser tremper les lentilles corail dans l'eau bouillante 20 minutes pour permettre aux lentilles de ramollir.
- Mixer et verser la purée obtenue dans une casserole. Ajouter le sel et l'eau froide. Porter à ébullition en fouettant constamment, jusqu'à ce que la préparation épaississe.
- Cuire encore 1 minute, puis transvider dans un plat de 20 cm × 13 cm (8 po × 5 po). Couvrir d'une pellicule de plastique posée directement sur la préparation et réfrigérer 2 heures.
- Démouler le bloc de tofu birman et découper en cubes de la taille souhaitée.
- Dans une poêle, chauffer un filet d'huile d'olive et faire revenir les cubes 3 minutes ou jusqu'à ce qu'ils soient dorés.
- Servir avec des légumes verts ou une salade et du riz ou du quinoa.

PORTIONS **4**

PRÉPARATION **10 MIN**

CUISSON **5 MIN**

SE CONGÈLE ? **OUI, NON ASSEMBLÉ**

BURGER DE THON

Ce burger au thon est un incontournable pour les amateurs de poisson. Imaginez une galette de thon relevée d'épices et d'herbes, qui réinvente le burger classique. Alors, sortez votre tablier et préparez-vous à vous délecter.

2 œufs battus

2 boîtes de thon de 185 g chacune, égoutté et émietté finement

2 oignons verts, hachés très finement

3 c. à soupe de persil italien frais, haché très finement

1 c. à café de paprika

Le zeste de 1 citron

1 c. à café de moutarde de Dijon

3 c. à soupe de chapelure

2 c. à soupe d'huile d'olive extra vierge

Sel et poivre

ASSEMBLAGE

4 pains à burger

Mayonnaise, au goût

Ketchup, au goût

4 tranches de fromage cheddar fort

4 tranches de tomate

4 tranches de cornichon à l'aneth

- Dans un bol, mélanger tous les ingrédients, à l'exception de l'huile d'olive.
- Diviser la préparation en 4 boules égales et les écraser en galettes.
- Dans une poêle, à feu moyen-vif, chauffer l'huile d'olive et cuire les galettes 2 minutes de chaque côté.
- Réchauffer les pains à la vapeur ou les griller à la poêle. Assembler les burgers avec le reste des ingrédients. Servir avec des frites cuites au four.

NOTE Si vous ne mangez pas de gluten, vous pouvez très bien omettre le pain et déguster les galettes de poisson avec une mayonnaise épicée.

PATATES DOUCES, BROCOLI ET SAUCE CRÉMEUSE AUX HARICOTS

PORTIONS **4**

PRÉPARATION **20 MIN**

CUISSON **52 MIN**

SE CONGÈLE ? **OUI**

Cette recette est un véritable festin pour les gourmets pressés. La sauce aux haricots, riche en protéines, transforme ce plat en un repas complet fantastique, idéal pour les sportifs. De plus, il se réchauffe très facilement, ce qui en fait un choix pratique pour tous les jours.

2 patates douces

1 brocoli

1 c. à soupe d'huile d'olive extra vierge

2 gousses d'ail, hachées finement

1/2 c. à café de chili broyé

Sel et poivre

SAUCE CRÉMEUSE

150 g (1 1/2 tasse) de fromage cheddar, râpé, divisé

375 ml (1 1/2 tasse) de haricots blancs cuits, rincés et égouttés

180 ml (3/4 tasse) d'eau

Sel et poivre

– Préchauffer le four à 230 °C (450 °F). Mettre une grille au centre du four et une autre à la position la plus haute. Couvrir une plaque de cuisson de papier parchemin ou d'un tapis de silicone.

– Couper les patates douces en deux, piquer la peau à plusieurs reprises avec une fourchette et les déposer sur la plaque préparée, peau vers le haut. Cuire au four sur la grille du milieu 45 minutes.

– Pendant ce temps, défaire le brocoli en fleurons, puis éplucher le tronc et le couper en morceaux.

– Dans une poêle, à feu moyen-vif, chauffer l'huile et cuire l'ail 1 minute.

– Ajouter le brocoli et le chili broyé. Saler et poivrer, au goût. Cuire 5 minutes en remuant souvent. Réserver.

– Au mélangeur, mixer 50 g (1/2 tasse) de cheddar, les haricots, l'eau, du sel et du poivre jusqu'à l'obtention d'une sauce crémeuse et lisse.

– À la sortie du four, retourner les patates douces et retirer la croûte qui s'est formée à la surface de la chair. Gratter la chair de façon à créer un puits au centre. Répartir la moitié de la sauce crémeuse dans les puits, garnir du brocoli et arroser du reste de la sauce.

– Couvrir de 100 g (1 tasse) de cheddar. Allumer le gril (*broil*) du four. Griller les patates douces au four, sur la grille du haut, 1 minute ou jusqu'à ce que le fromage soit doré.

SOUFFLÉ AU FROMAGE

PORTIONS **4**

PRÉPARATION **30 MIN**

CUISSON **45 À 50 MIN**

SE CONGÈLE ? **NON**

Ce soufflé au fromage fera fondre votre cœur ! Si peu d'ingrédients et un résultat gagnant chaque fois. Une texture aérienne qui vous fera monter au septième ciel. Suivez notre recette pour créer un chef-d'œuvre gustatif inoubliable ! On vous lance un petit défi culinaire, vous êtes capable !

3 c. à soupe de beurre + pour le moule

3 c. à soupe de farine tout usage + pour le moule

265 ml (1 tasse + 1 c. à soupe) de lait

110 g (1 tasse) de gruyère, râpé

4 œufs, jaunes et blancs séparés

Sel et poivre

– Préchauffer le four à 180 °C (350 °F). Mettre une grille au centre du four et y déposer une plaque de cuisson pour qu'elle soit bien chaude au moment d'enfourner le soufflé.

– Beurrer (voir Note) et fariner un moule rond de 17 cm (6 1/2 po) de diamètre (de style ramequin).

– Dans une casserole, à feu vif, faire fondre le beurre. Ajouter la farine et mélanger jusqu'à l'obtention d'une pâte lisse.

– Ajouter le lait en une seule fois. Saler et poivrer, au goût, et porter à ébullition en mélangeant constamment. À l'apparition de bulles, ajouter le fromage râpé et laisser fondre. Retirer du feu.

– À l'aide d'un fouet, incorporer les jaunes d'œufs, un à la fois. Réserver.

– Dans un bol, au batteur électrique, monter les blancs d'œufs en neige jusqu'à l'obtention de pics semi-fermes. Incorporer à la préparation au lait en pliant délicatement avec une spatule (Maryse).

– Verser la préparation dans le moule préparé en s'assurant de laisser 1 cm (1/2 po) de libre en haut du moule pour éviter les débordements.

– Déposer le moule sur la plaque chaude et cuire au four de 35 à 40 minutes. Le soufflé sera *fluffy* comme un nuage ! Servir rapidement.

NOTE Petit truc : beurrez les parois du moule vers le haut pour aider le soufflé à bien monter pendant la cuisson.

CAMEMBERT PANÉ

PORTIONS **2**

PRÉPARATION **10 MIN**

CUISSON **12 MIN**

SE CONGÈLE ? **NON**

L'art de transformer un fromage en trésor croustillant à l'extérieur et incroyablement crémeux à l'intérieur. C'est le genre de plat qui vous fait dire : « Si seulement tout était aussi simple et délicieux ! »

2 œufs

1 c. à soupe de vinaigre blanc

75 g (1/2 tasse) de farine tout usage

150 g (1 tasse) de chapelure

1 petit camembert entier de 350 g (12 oz)

2 c. à soupe d'huile d'olive extra vierge

– Préchauffer le four à 180 °C (350 °F). Mettre une grille au centre du four.

– Dans une assiette creuse, à l'aide d'une fourchette, battre les œufs et le vinaigre.

– Dans une autre assiette, déposer la farine et dans une troisième, la chapelure.

– Rouler le camembert dans la farine pour bien l'enrober, puis dans l'œuf battu et enfin dans la chapelure. Répéter une deuxième fois ces étapes de façon à former une croûte plus épaisse.

– Dans une poêle allant au four, à feu moyen-vif, chauffer l'huile et dorer le fromage de tous les côtés.

– Enfourner et cuire 10 minutes. Servir avec de la confiture de fruits rouges, par exemple aux cerises ou, encore mieux, aux canneberges.

7

DESSERTS EXQUIS

GÂTEAU AU FROMAGE RAPIDO... SANS FROMAGE

PORTIONS **4**

PRÉPARATION **10 MIN**

REPOS **2 H 30 MIN**

CUISSON **1 H**

SE CONGÈLE ? **NON**

Cette recette de *cheesecake* sans fromage tout simplement irrésistible va vous bluffer. Vous avez du yogourt grec et ne savez pas quoi en faire ? On a la solution pour vous, et tout le monde va en raffoler ! Quelques ingrédients seulement, et le tour est joué. Plus léger qu'un gâteau comportant du fromage à la crème, et à s'y méprendre !

375 g (1 1/2 tasse) de yogourt grec

4 œufs

100 g (1/2 tasse) de sucre

1 c. à soupe d'extrait de vanille

5 c. à soupe de farine de tapioca ou de fécule de maïs

10 fraises fraîches

Sucre glace

- Préchauffer le four à 180 °C (350 °F) (de préférence sans ventilation). Placer la grille au centre du four. Tapisser un moule de 15 cm (6 po) de diamètre de papier parchemin.
- Dans un bol, à l'aide d'un fouet, mélanger le yogourt, les œufs, le sucre et la vanille jusqu'à ce que la préparation soit lisse.
- Tamiser la farine de tapioca ou la fécule de maïs sur la préparation et fouetter. Verser la préparation dans le moule préparé.
- Cuire au four 1 heure. À la sortie du four, le gâteau, qui aura gonflé, va s'écraser rapidement, c'est normal.
- Laisser refroidir 30 minutes, puis réfrigérer 2 heures.
- Au moment de servir, garnir de fraises fraîches et saupoudrer de sucre glace.

NOTE Pour un dessert encore plus gourmand, utilisez la confiture de fraises express (page 174) comme coulis d'accompagnement.

MOUSSE AU CHOCOLAT VÉGANE

PORTIONS **4**

PRÉPARATION **10 MIN**

RÉFRIGÉRATION **1 H**

CUISSON **5 MIN**

SE CONGÈLE ? **NON**

Une gourmandise onctueuse, riche en chocolat, à savourer sans culpabilité. Cette délicieuse mousse chocolatée offre une texture et un goût tout aussi satisfaisants que la version originale, mais sans produits d'origine animale. Personne ne pourra se douter que l'ingrédient phare de cette recette, c'est le liquide d'une boîte de pois chiches (aussi appelée *aquafaba*) !

200 g (1 tasse + 2 c. à soupe) de pépites de chocolat noir

2 c. à soupe de lait d'amande (page 175)

180 ml (3/4 tasse) d'aquafaba (le liquide d'une boîte de pois chiches)

2 c. à soupe de sucre

- Au bain-marie, faire fondre le chocolat noir avec le lait d'amande. Réserver.
- Au batteur électrique, monter l'aquafaba en neige comme pour des blancs d'œufs. Ajouter le sucre quand la préparation blanchit et forme des pics mous.
- À l'aide d'une spatule (Maryse), plier délicatement l'équivalent de 250 ml (1 tasse) d'aquafaba en neige dans le chocolat fondu.
- Lorsque le mélange est homogène, ajouter le reste de l'aquafaba en neige et plier encore plus délicatement pour éviter que la préparation retombe.
- Répartir la mousse au chocolat aérienne dans 4 verrines. Réfrigérer 1 heure et déguster.

NOTE Si vous souhaitez essayer cette recette, utilisez les pois chiches pour tester au passage notre recette de houmous maison (page 37) !

TARTE AU CHOCOLAT VÉGANE

PORTIONS **6**

PRÉPARATION **20 MIN**

RÉFRIGÉRATION **1 H**

SE CONGÈLE ? **OUI**

Un dessert santé aussi délicieux que surprenant. Le secret ? Personne ne saura que la base de ce crémeux au chocolat est de l'avocat... Incroyable, n'est-ce pas ? Cette tarte est une véritable merveille pour les papilles, avec une garniture chocolatée à la fois riche et crémeuse.

CROÛTE

65 g (1/2 tasse) de noix de Grenoble

75 g (1/2 tasse) d'amandes

115 g (1 1/3 tasse) de noix de coco râpée

1 c. à café d'extrait de vanille

5 dattes dénoyautées, réhydratées dans de l'eau chaude 10 minutes

CRÉMEUX AU CHOCOLAT

5 dattes dénoyautées, réhydratées dans de l'eau chaude 10 minutes.

30 g (1/4 tasse) de cacao en poudre

1 1/2 avocat, bien mûr

1 c. à café d'extrait de vanille

2 c. à soupe de sirop d'érable

2 à 3 c. à soupe de lait d'amande (page 175) (selon la texture de l'avocat, plus il sera mûr, moins le mélange aura besoin de lait d'amande)

DÉCORATION

Framboises fraîches

Croûte

- Au robot culinaire ou au mélangeur, mixer tous les ingrédients jusqu'à l'obtention d'une pâte qui se tient.

- Foncer une assiette à tarte (idéalement à fond amovible) de 19 cm (7 1/2 po) de diamètre avec la pâte de façon à couvrir le fond et les parois. Un moule rectangulaire d'environ 11,5 cm × 35,5 cm (4,5 po × 14 po) fonctionne aussi très bien. Réserver.

Crémeux au chocolat

- Au robot culinaire ou au mélangeur, mixer tous les ingrédients jusqu'à l'obtention d'une préparation lisse.

- Verser dans le fond de tarte, étaler pour bien lisser le crémeux et décorer de framboises fraîches.

- Réfrigérer au moins 1 heure avant de servir.

NOTE Les plus gourmands feront fondre à feu doux 135 g (3/4 tasse) de chocolat noir dans 3 c. à soupe d'huile de coco et verseront le mélange sur la tarte avant de la décorer de framboises.

GÂTEAU *TRES LECHES* FAÇON TIRAMISU

PORTIONS **8**

PRÉPARATION **30 MIN**

RÉFRIGÉRATION **3 H**

CUISSON **30 MIN**

SE CONGÈLE ? **NON**

Une fusion divine de deux desserts emblématiques. Ce gâteau mexicain, que nous avons découvert récemment, est devenu notre chouchou ! L'ultra moelleux du *tres leches* est sublimé par la délicieuse saveur du café. Une expérience sucrée que vous n'oublierez pas de sitôt ! La photo de cette recette se trouve à la page 138.

GÂTEAU

Beurre pour le moule

150 g (1 tasse) de farine tout usage

1 1/2 c. à café de levure chimique (poudre à pâte)

Une pincée de sel

5 œufs, jaunes et blancs séparés

200 g (1 tasse) de sucre

1 c. à soupe d'extrait de vanille

80 ml (1/3 tasse) de lait

Gâteau

- Préchauffer le four à 180 °C (350 °F). Placer une grille au centre du four. Beurrer généreusement un moule de 30 cm × 20 cm (12 po × 8 po).

- Dans un bol, mélanger la farine, la levure et le sel.

- Dans un autre bol, au batteur électrique, mixer les jaunes d'œufs, le sucre et la vanille environ 3 minutes ou jusqu'à ce que le mélange blanchisse.

- Ajouter les ingrédients secs au mélange de jaunes d'œufs en alternance avec le lait jusqu'à l'obtention d'une pâte homogène.

- Dans un bol, au batteur électrique, monter les blancs d'œufs en neige ferme.

- Plier délicatement les blancs d'œufs dans la préparation pour éviter qu'elle tombe et verser dans le moule préparé.

- Cuire au four 30 minutes ou jusqu'à ce qu'un cure-dents inséré au centre du gâteau en ressorte propre.

Sirop au café et au lait

_ Dans un bol, combiner tous les ingrédients du sirop et réserver. À la sortie du four, pendant qu'il est encore chaud, retourner le gâteau dans le moule pour qu'il soit plus facile à imbiber. Percer immédiatement le gâteau avec une fourchette de façon à créer plein de petits trous.

_ Verser le sirop au café et au lait délicatement en partant du centre pour que le gâteau soit entièrement recouvert. Utiliser tout le sirop, le gâteau absorbera le surplus pendant le repos au réfrigérateur.

_ Réfrigérer au moins 3 heures.

Décoration

_ Au batteur électrique, fouetter la crème avec la vanille et le sucre.

_ Étaler la crème fouettée sur le gâteau bien froid et lisser. Saupoudrer de cacao et servir.

SIROP AU CAFÉ ET AU LAIT

125 ml (1/2 tasse) de café corsé (espresso)

250 ml (1 tasse) de lait évaporé

1 boîte de 300 ml de lait condensé sucré

DÉCORATION

500 ml (2 tasses) de crème 35 % de matières grasses (de type crème à fouetter)

1 c. à soupe d'extrait de vanille

3 c. à soupe de sucre

4 c. à soupe de cacao en poudre

GÂTEAU JAPONAIS DE NOËL, DÉLICIEUX TOUTE L'ANNÉE

PORTIONS 10

PRÉPARATION **30 MIN**

REPOS **30 MIN**

CUISSON **40 MIN**

SE CONGÈLE ? **NON**

Un régal venu tout droit du pays du soleil levant ! Ce dessert allie légèreté et élégance, évoquant la douceur de la saison des fêtes à la japonaise. Mais pourquoi se limiter à Noël ? Sa subtile saveur et sa simplicité en font un délice en tout temps. Partez en voyage culinaire au Japon. La photo de cette recette se trouve à la page 142.

GÉNOISE

Beurre pour le moule

300 g ou 6 œufs de calibre gros

200 g (1 tasse) de sucre

180 g (1 tasse + 2 c. à soupe) de farine tout usage

SIROP AUX QUEUES DE FRAISES

200 g (1 tasse) de sucre

250 ml (1 tasse) d'eau

20 queues de fraises

2 c. à soupe de rhum brun (facultatif)

ASSEMBLAGE

625 ml (2 1/2 tasses) de crème 35 % de matières grasses (de type crème à fouetter)

65 g (1/2 tasse) de sucre glace

Environ 25 fraises (10 coupées en deux pour entourer le gâteau, 10 en tranches pour l'intérieur du gâteau et 5 entières pour le dessus)

Génoise

– Préchauffer le four à 180 °C (350 °F). Placer une grille au centre du four. Beurrer un moule rond de 20 cm (8 po) de diamètre et de 10 cm (4 po) de hauteur et tapisser le fond et les parois de papier parchemin.

– Dans un bol, au batteur électrique, fouetter les œufs et le sucre 10 minutes ou jusqu'à ce que le mélange blanchisse, triple de volume et tombe du fouet en ruban.

– Tamiser la farine sur le mélange d'œufs et l'incorporer délicatement en pliant à l'aide d'une spatule (Maryse) pour éviter que la préparation ne devienne trop liquide (s'assurer toutefois que la farine est bien incorporée). Verser la pâte dans le moule préparé.

– Cuire au four de 35 à 40 minutes ou jusqu'à ce qu'un cure-dents inséré au centre du gâteau en ressorte propre. Démouler et laisser refroidir sur une grille 30 minutes.

– Couper le gâteau en 3 tranches égales.

Sirop aux queues de fraises

– Dans une casserole, à feu moyen-vif, mélanger le sucre, l'eau et les queues de fraises et porter à ébullition en remuant jusqu'à ce que le sucre soit dissous.

– Filtrer la préparation, la laisser refroidir et incorporer le rhum, si désiré.

Assemblage

– Dans un bol, au batteur électrique ou au fouet, préparer la chantilly en fouettant la crème et le sucre glace jusqu'à l'obtention de pics fermes.

– À l'aide d'un pinceau, imbiber généreusement les 3 tranches de génoise de sirop aux queues de fraises.

– Déposer une tranche de génoise sur une assiette à gâteau, étaler 125 ml (1/2 tasse) de chantilly et déposer la moitié des tranches de fraises. Ajouter une autre tranche de génoise, étaler 125 ml (1/2 tasse) de chantilly et déposer le reste des tranches de fraises. Déposer la dernière tranche de génoise sur le tout.

– Couvrir le gâteau du reste de chantilly. Décorer le tour de fraises coupées en deux et le dessus de fraises entières.

PAVLOVA AUX FRAMBOISES

PORTIONS **6**

PRÉPARATION **15 MIN**

CUISSON **1 H 15 MIN**

SE CONGÈLE ? **NON**

Saviez-vous que la pavlova a été inspirée par la légendaire ballerine russe Anna Pavlova ? Eh bien, nous allons faire danser vos papilles avec une petite twist acidulée : la pavlova aux framboises ! Imaginez une meringue croustillante à l'extérieur, aussi légère qu'un plié, et un cœur moelleux et fondant !

MERINGUE

4 blancs d'œufs

200 g (1 tasse) de sucre

CRÈME FOUETTÉE À LA VANILLE

250 ml (1 tasse) de crème 35 % de matières grasses (de type crème à fouetter)

Les graines de 2 gousses de vanille

3 c. à soupe de sucre

GARNITURE

340 g (2 tasses) de framboises fraîches

Pistaches grossièrement hachées

Meringue

– Préchauffer le four à 135 °C (275 °F). Placer une grille au centre du four. Couvrir une plaque de cuisson de papier parchemin ou d'un tapis de silicone.

– Dans un bol, au batteur électrique, fouetter les blancs d'œufs jusqu'à ce qu'ils soient mousseux. Ajouter le sucre graduellement, en fine pluie, en fouettant jusqu'à l'obtention de pics fermes.

– Avec une cuillère, déposer la meringue sur la plaque préparée en réalisant un disque d'environ 20 cm (8 po) de diamètre.

– Cuire au four 1 heure 15 minutes. La meringue sera très légèrement dorée. Retirer du four et laisser refroidir complètement.

Crème fouettée à la vanille

– Dans un bol, au batteur électrique, fouetter la crème, les graines de vanille et le sucre jusqu'à l'obtention de pics semi-fermes.

Assemblage

– Au moment de servir, répartir la crème fouettée à la vanille sur la meringue refroidie. Garnir de framboises fraîches et de pistaches.

TIRAMISU AU CITRON

PORTIONS **10**

PRÉPARATION **45 MIN**

RÉFRIGÉRATION **8 H**

CUISSON **10 MIN**

SE CONGÈLE ? **NON**

Vous adorez déjà le tiramisu, mais attendez de découvrir notre version spéciale ! Notre tiramisu au citron est devenu l'un de nos desserts préférés. Parfait pour impressionner vos amis et votre famille, à la fois rafraîchissant et décadent. Grâce au mélange audacieux de saveurs, chaque bouchée vous comblera. La photo de cette recette se trouve à la page 148.

LEMON CURD (CRÈME AU CITRON)

4 œufs

4 jaunes d'œufs

Une pincée de sel

250 g (1 1/4 tasse) de sucre

Le zeste de 2 citrons

150 ml (2/3 tasse) de jus de citron

120 g (1/2 tasse) de beurre

SIROP DE CITRON

250 ml (1 tasse) d'eau

100 g (1/2 tasse) de sucre

Le jus et le zeste de 2 citrons, en larges lanières

125 ml (1/2 tasse) de limoncello

Lemon curd

– Dans une casserole moyenne, à feu moyen-vif, cuire les œufs, les jaunes d'œufs, le sel, le sucre, le zeste et le jus de citron en remuant constamment jusqu'au point d'ébullition. Laisser la préparation mijoter 1 minute pour qu'elle épaississe. Elle doit pouvoir napper une cuillère.

– Retirer du feu, ajouter le beurre et remuer jusqu'à ce qu'il soit complètement fondu et que la préparation soit lisse.

– Transférer dans un bol, couvrir d'une pellicule de plastique placée directement sur la crème au citron et réfrigérer jusqu'à ce qu'elle soit froide.

Sirop de citron

– Pendant ce temps, dans une casserole, à feu moyen-vif, porter à ébullition l'eau, le sucre, le jus et les lanières de zeste de citron. Retirer du feu et laisser refroidir. Quand le sirop est froid, retirer les lanières de zeste de citron et ajouter le limoncello.

Garniture

- Refroidir un bol et les fouets du batteur électrique au congélateur 5 minutes.
- Verser la crème dans le bol refroidi et fouetter jusqu'à l'obtention de pics fermes.
- Dans un autre grand bol, fouetter le fromage mascarpone et la moitié du *lemon curd* refroidi (garder l'autre moitié au réfrigérateur) jusqu'à l'obtention d'une préparation lisse et homogène. Ne pas trop mélanger, sinon le mascarpone deviendra granuleux.
- À l'aide d'un fouet ou d'une spatule, incorporer délicatement la crème fouettée dans le mélange, en veillant à ne pas la faire retomber.

Assemblage

- Tremper rapidement les biscuits dans le sirop de citron, puis les disposer en rangées serrées dans un moule ou un plat de service d'environ 28 cm × 20 cm (11 po × 8 po). Couvrir de la moitié de la garniture.
- Ajouter une autre couche de biscuits imbibés de sirop au citron. Couvrir du reste de la garniture et répartir uniformément.
- Étaler le reste du *lemon curd* sur le dessus. Réfrigérer 8 heures pour donner aux biscuits le temps de ramollir.
- Garnir de rondelles de citron et servir.

GARNITURE

375 ml (1 1/2 tasse) de crème 35 % de matières grasses (de type crème à fouetter)

475 g (2 tasses) de fromage mascarpone

ASSEMBLAGE

18 gros ou 30 petits biscuits à la cuillère ou doigts de dame

1 citron en fines rondelles

CRÈME MASCARPONE

DONNE **625 ML (2 1/2 TASSES) DE CRÈME MASCARPONE**

PRÉPARATION **5 MIN**

SE CONGÈLE ? **NON**

Cette délicieuse préparation italienne est synonyme d'onctuosité et de raffinement. Imaginez une texture veloutée et un goût délicat qui fondent en bouche, créant une harmonie parfaite entre douceur et fraîcheur. Que ce soit pour garnir des cupcakes ou pour glacer vos gâteaux, cette crème mascarpone est une invitation à la gourmandise.

475 g (2 tasses) de fromage mascarpone

130 g (1 tasse) de sucre glace

Les graines de 2 gousses de vanille

250 ml (1 tasse) de crème 35 % de matières grasses (de type crème à fouetter)

- Dans un bol, au batteur électrique, mixer le fromage mascarpone, le sucre glace et les graines de vanille 1 minute ou jusqu'à ce que la préparation soit bien lisse.

- Ajouter la crème 35 % en une seule fois et mixer à basse vitesse. Quand la préparation est bien homogène, augmenter la vitesse de façon constante et fouetter 3 ou 4 minutes ou jusqu'à la formation de pics fermes. Attention de ne pas trop mélanger, sinon la préparation deviendra granuleuse.

- Réfrigérer.

NOTE Nous avons utilisé ce glaçage pour nos cupcakes de luxe (page 151) lors de notre *gender reveal* : nous avions caché au cœur des cupcakes de la confiture de fraises express maison (page 174)

CUPCAKES DE LUXE

DONNE **24 *CUPCAKES***

PRÉPARATION **10 MIN**

CUISSON **35 MIN**

SE CONGÈLE ? **OUI**

Ces petits gâteaux sont bien plus qu'une simple douceur, ils sont un ticket direct pour le paradis des desserts. Que ce soit pour une occasion spéciale ou simplement pour vous offrir un moment de pur plaisir sucré, ces *cupcakes* vous séduiront à coup sûr.

450 g (3 tasses) de farine à pâtisserie

1 c. à soupe de levure chimique (poudre à pâte)

1/2 c. à café de sel

80 g (1/3 tasse) de beurre non salé, ramolli

200 g (1 tasse) de sucre

1 c. à café d'extrait de vanille

2 gros œufs, à température ambiante

60 ml (1/4 tasse) de yogourt grec ou de crème sure

80 ml (1/3 tasse) d'huile végétale

375 ml (1 1/2 tasse) de lait, à température ambiante, divisé

– Préchauffer le four à 140 °C (280 °F). Placer une grille au centre du four. Disposer des caissettes de papier dans 2 moules de 12 *cupcakes*.

– Dans un bol, tamiser la farine, la levure et le sel. Mélanger à l'aide d'un fouet.

– Dans un autre bol, au batteur électrique à haute vitesse, mélanger le beurre, le sucre et la vanille 3 minutes. Racler les parois du bol à l'aide d'une spatule (Maryse).

– Ajouter les œufs, un à la fois, en mélangeant 30 secondes chaque fois et en raclant les parois du bol après chaque ajout.

– Ajouter le yogourt, l'huile végétale et la moitié du lait. Mélanger jusqu'à ce que la préparation soit homogène.

– Incorporer les ingrédients secs et le reste du lait. Battre à vitesse moyenne jusqu'à ce que la préparation soit lisse et homogène, en raclant le fond du bol.

– À l'aide d'une cuillère à crème glacée ou de deux cuillères à soupe, transférer la pâte dans les moules préparés, en les remplissant aux trois quarts.

– Cuire au four 35 minutes ou jusqu'à ce qu'un cure-dents inséré au centre d'un *cupcake* en ressorte propre.

– Laisser refroidir 5 minutes avant de transférer sur une grille. Laisser refroidir complètement.

NOTES Vous pouvez ajouter des bonbons décoratifs (*sprinkles*) dans la préparation pour faire de fantastiques *cupcakes* d'anniversaire. Utilisez la crème mascarpone (page 149) pour glacer les *cupcakes*. Vous pouvez aussi faire un puits au creux des *cupcakes* et y insérer notre confiture de fraises express maison (page 174) avant de les glacer.

CLAFOUTIS AUX CERISES

PORTIONS **6**

PRÉPARATION **5 MIN**

CUISSON **35 MIN**

RÉFRIGÉRATION **1 H**

SE CONGÈLE ? **NON**

Un dessert à la fois rustique et sophistiqué, qui rappelle la douceur de l'été à chaque bouchée. Ce dessert est traditionnellement préparé pendant la saison des cerises, ce qui en fait un incontournable estival. De plus, il est incroyablement simple à préparer. Hors saison, on peut utiliser d'autres fruits comme des framboises ou des bleuets.

Beurre pour le moule

300 g (2 tasses) de cerises, avec les noyaux

2 œufs

70 g (1/3 tasse) de sucre

Une pincée de sel

100 g (2/3 tasse) de farine tout usage

250 ml (1 tasse) de lait, divisé

1 c. à soupe de kirsch

- Préchauffer le four à 180 °C (350 °F). Placer une grille au centre du four. Beurrer un moule de 25 cm (10 po) de diamètre.
- Déposer les cerises dans le moule préparé.
- Dans un bol, au batteur électrique, mélanger les œufs, le sucre et le sel. Ajouter la farine et la moitié du lait. Fouetter jusqu'à ce qu'il n'y ait plus de grumeaux. Verser le reste du lait et le kirsch. Fouetter.
- Verser la préparation sur les cerises dans le moule. Cuire au four 35 minutes. À la sortie du four, le clafoutis retombera rapidement, c'est normal.
- Laisser tiédir. Réfrigérer 1 heure et déguster.

NOTE Attention, traditionnellement le clafoutis se fait avec des cerises non dénoyautées pour ne pas colorer l'appareil à flan. N'oubliez pas d'informer vos convives qu'il y a des noyaux dans le dessert !

MILLE-CRÊPES AU MATCHA

PORTIONS **8 (ENVIRON 12 CRÊPES)**

PRÉPARATION **20 MIN**

RÉFRIGÉRATION **3 H**

CUISSON **40 MIN**

SE CONGÈLE ? **NON**

Nous avons découvert cette recette dans une pâtisserie japonaise pendant un voyage à Berlin et nous sommes immédiatement tombés sous le charme de ce chef-d'œuvre tout en finesse et en saveur. Une superposition de crêpes légères et moelleuses, subtilement parfumées au matcha, garnies entre chaque couche d'une crème onctueuse... qui pourrait résister à une telle tentation ? Pas nous, en tout cas ! La photo de cette recette se trouve à la page 156.

CRÊPES

150 g (1 tasse) de farine à pâtisserie

2 c. à soupe de poudre de thé vert matcha + 2 c. à café pour garnir

1/2 c. à café de levure chimique (poudre à pâte)

450 ml (1 3/4 tasse) de lait + 1 à 2 c. à soupe pour diluer la pâte, au besoin

3 c. à soupe de sucre

3 gros œufs

1 1/2 c. à soupe de beurre non salé, fondu

Huile neutre, pour la cuisson

CHANTILLY

375 ml (1 1/2 tasse) de crème 35 % de matières grasses (de type crème à fouetter)

4 c. à soupe de sucre glace

Crêpes

- Dans un bol, mélanger la farine, le matcha et la levure.
- Dans une petite casserole, à feu doux, tiédir le lait et le sucre sans faire bouillir. Il faut pouvoir mettre le doigt dans le lait sans se brûler.
- Dans un bol, au fouet, battre les œufs. Incorporer le lait sucré tiède et le beurre fondu.
- Tamiser les ingrédients secs dans les ingrédients liquides. Au fouet, mélanger jusqu'à ce qu'il n'y ait plus de grumeaux. Ne pas trop mélanger au risque d'avoir des crêpes élastiques !
- Filtrer la préparation dans une passoire fine (ou un tamis) déposée sur un bol. Couvrir et réfrigérer 1 heure.
- Préparer une feuille de papier parchemin assez grande pour recevoir les crêpes cuites.
- Si la préparation à crêpes est trop épaisse (elle devrait être lisse et fluide), ajouter 1 à 2 c. à soupe de lait.
- Huiler une poêle et retirer le surplus d'huile avec un essuie-tout. À feu moyen-vif, verser 80 ml (1/3 tasse) de pâte dans la poêle et cuire 1 minute. Retourner et cuire 30 secondes. Déposer la crêpe sur le papier parchemin préparé et laisser refroidir. Répéter pour cuire le reste de la pâte, en mélangeant la préparation entre chaque crêpe. Laisser refroidir.

Chantilly

– Dans un bol, au batteur électrique, fouetter la crème et le sucre glace jusqu'à ce que la chantilly soit bien ferme.

Assemblage

– Quand les crêpes sont bien froides, utiliser un grand cercle comme emporte-pièce (ou une assiette) pour tailler les crêpes de manière uniforme. Déposer une crêpe dans une assiette de service et, à l'aide d'une spatule, y étaler 2 cuillères à soupe de chantilly.

– Répéter ces opérations avec le reste des crêpes en les superposant. Couvrir le mille-crêpes du reste de la chantilly et réfrigérer 2 heures.

– Au moment de servir, saupoudrer le mille-crêpes de matcha.

TARTE CHOCOLAT ET BANANE, FAÇON *BANANA SPLIT*

PORTIONS **10**

PRÉPARATION **30 MIN**

CUISSON **20 MIN**

RÉFRIGÉRATION **2 H**

SE CONGÈLE ? **NON**

Attachez vos tuques, nous allons métamorphoser un dessert classique en une aventure gustative d'un autre monde avec notre tarte chocolat et banane, façon *banana split* ! La photo de cette recette se trouve à la page 160.

310 ml (1 1/4 tasse) de crème 35 % de matières grasses (de type crème à fouetter)

310 ml (1 1/4 tasse) de lait

6 jaunes d'œufs

60 g (1/4 tasse) de sucre

250 g (1 1/2 tasse) de chocolat noir, en morceaux

1 abaisse de pâte sablée (page 159), cuite et refroidie

3 bananes, coupées en tranches de 3 mm (1/8 po) d'épaisseur

Crème fouettée, pour décorer

- Dans une petite casserole, à feu vif, porter à ébullition la crème et le lait. Retirer du feu.

- Pendant ce temps, dans un bol, au batteur électrique, fouetter les jaunes d'œufs et le sucre de 2 à 3 minutes ou jusqu'à ce que le mélange blanchisse.

- Verser le mélange de lait bouillant sur la préparation de jaunes d'œufs. Remettre dans la casserole et cuire, à feu moyen, jusqu'à ce que la crème anglaise nappe le dos d'une cuillère en bois (à 82 °C/179 °F). Ne pas dépasser cette température pour la crème anglaise, sinon les œufs vont trop cuire et l'appareil au chocolat ne sera pas lisse.

- Déposer le chocolat dans un bol. En trois fois, verser la crème anglaise dans le chocolat en remuant avec une cuillère en bois jusqu'à ce que le crémeux au chocolat soit lisse. Ne pas utiliser de fouet qui ajouterait air et bulles dans la préparation.

- Couvrir le fond de tarte de tranches de bananes.

- Verser le crémeux au chocolat tiède sur les bananes et réfrigérer au moins 2 heures ou jusqu'à ce que le chocolat ait figé.

- Décorer de crème fouettée et servir.

NOTE Utilisez les blancs d'œufs qui restent pour réaliser les *zimtsterne*, ces biscuits en forme d'étoile à l'amande et à la cannelle (page 183).

PÂTE SABLÉE

DONNE **1 ABAISSE**

PRÉPARATION **10 MIN**

RÉFRIGÉRATION **30 MIN**

CUISSON **25 MIN**

SE CONGÈLE ? **OUI**

Pour tous les amateurs de tartes sucrées, cette pâte sablée à la texture friable et au goût délicat sera la base incontournable d'une multitude de délices ! Elle est comme une toile blanche où élaborer vos créations culinaires, prête à se transformer en tartes aux fruits, en tartelettes élégantes ou même en biscuits fondants. Laissez libre cours à votre imagination pour créer des desserts extraordinaires.

140 g (1/2 tasse + 2 c. à soupe) de beurre, à température ambiante

65 g (1/2 tasse) de sucre glace

Une pincée de sel

Les graines de 1 gousse de vanille

1 œuf

3 c. à soupe de poudre d'amande

250 g (1 2/3 tasse) de farine tout usage

600 g (3 tasses) de haricots secs ou de pois chiches secs, pour cuire la pâte

- Préchauffer le four à 180 °C (350 °F). Placer une grille au centre du four.
- Dans un bol, à l'aide d'un fouet, crémer le beurre avec le sucre glace, le sel et les graines de vanille jusqu'à l'obtention d'une préparation lisse et crémeuse.
- Ajouter l'œuf et la poudre d'amande. Fouetter.
- Ajouter la farine et mélanger à la cuillère en bois jusqu'à la formation d'une boule de pâte.
- Envelopper la boule de pâte d'une pellicule de plastique et réfrigérer 30 minutes.
- Au rouleau à pâtisserie, abaisser la pâte entre 2 feuilles de papier parchemin à 4 mm (1/4 po) d'épaisseur.
- Retirer le papier parchemin supérieur et retourner la pâte dans une assiette à tarte de 28 cm (11 po) de diamètre. Foncer la pâte et retirer le surplus qui dépasse de l'assiette à l'aide d'un couteau. Si la pâte se déchire, pas de souci, recoller les morceaux du bout des doigts !
- Piquer la pâte à la fourchette pour éviter qu'elle gonfle à la cuisson.
- Déposer un cercle de papier parchemin sur la pâte et ajouter les haricots secs.
- Cuire au four 20 minutes ou jusqu'à ce que la pâte soit légèrement dorée. Retirer les haricots et le papier parchemin. Cuire 5 minutes supplémentaires.
- Laisser refroidir.

NOTES Réalisez la tarte chocolat et banane (page 158) en utilisant cette pâte, vous allez être complètement *bananas* !

Vous pouvez aussi en faire de délicieux petits biscuits sablés.

DONNE **24 ÉCLAIRS OU 72 CHOUQUETTES**

PRÉPARATION **15 MIN**

CUISSON **35 MIN POUR LES ÉCLAIRS, 30 MIN POUR LES CHOUQUETTES**

SE CONGÈLE ? **OUI**

PÂTE À CHOUX

La pâte à choux, c'est un peu comme la magie de la pâtisserie. Elle se transforme en foudroyants éclairs, en gougères au fromage qui vous feront fondre ou en chouquettes légères comme l'air. Avec cette recette polyvalente, vous avez le pouvoir de créer des desserts exceptionnels. Pour plus de précision, utilisez une balance. La photo de cette recette se trouve à la page 164.

125 ml (1/2 tasse) d'eau

125 ml (1/2 tasse) de lait

100 g (1/2 tasse) de beurre

Une pincée de sel

150 g (1 tasse) de farine tout usage

4 ou 5 œufs, selon leur taille

POUR LES CHOUQUETTES

1 œuf battu

Gros sucre perlé

– Dans une casserole, à feu vif, porter à ébullition l'eau, le lait, le beurre et le sel.

– Hors du feu, ajouter la farine d'un coup et mélanger énergiquement avec une cuillère en bois pour défaire tous les grumeaux.

– Quand une boule de pâte lisse se forme et se détache des parois de la casserole, remettre sur le feu et poursuivre la cuisson 1 minute pour bien dessécher la pâte.

– Déposer la pâte dans un bol et laisser tiédir 5 minutes.

– Ajouter les œufs, un à la fois, et mélanger énergiquement avec une cuillère en bois jusqu'à ce que la pâte retrouve une texture uniforme avant d'ajouter l'œuf suivant. La pâte donne l'impression de se séparer après l'ajout de chaque œuf, c'est normal.

– Après l'ajout du 4e œuf, vérifier la consistance de la pâte : lorsqu'on la soulève au-dessus du bol avec la cuillère, si elle s'étire lentement en formant un beau triangle inversé (ou un « bec d'oiseau »), c'est qu'elle est prête ; si elle se sépare en plusieurs sections, ajouter un autre œuf.

Éclairs

– Préchauffer le four (de préférence sans ventilation) à 220 °C (425 °F). Placer une grille au centre du four. Couvrir une plaque de cuisson de papier parchemin ou d'un tapis de silicone.

– Verser la pâte dans une poche à pâtisserie munie d'une douille étoile ou dentelée de 1 cm (1/2 po).

- Sur la plaque préparée, déposer des bandes de 10 à 12 cm (4 à 4 1/2 po) de longueur en les espaçant suffisamment (elles vont gonfler à la cuisson).

- Cuire 25 minutes sans ouvrir la porte du four.

- Ouvrir la porte du four de 5 cm (2 po) 30 secondes pour laisser s'échapper l'humidité, et refermer.

- Baisser la température du four à 160 °C (325 °F) et cuire 10 minutes supplémentaires.

- Laisser refroidir avant de les garnir de crème pâtissière (page 167) et de les tremper dans la ganache au chocolat (page 166).

Chouquettes

- Préchauffer le four (de préférence sans ventilation) à 200 °C (400 °F). Placer une grille au centre du four. Couvrir une plaque de cuisson de papier parchemin ou d'un tapis de silicone.

- Verser la pâte dans une poche à pâtisserie munie d'une douille ronde de 1 cm (1/2 po).

- Sur la plaque préparée, déposer des choux de 2 cm (3/4 po) de diamètre en les espaçant (ils vont gonfler à la cuisson).

- Badigeonner les choux d'œuf battu et saupoudrer de gros sucre perlé.

- Cuire 25 minutes sans ouvrir la porte du four.

- Ouvrir la porte du four de 5 cm (2 po) 30 secondes pour laisser s'échapper l'humidité, et refermer.

- Baisser la température du four à 160 °C (325 °F) et cuire 5 minutes supplémentaires.

- Laisser tiédir et déguster.

NOTE Une fois les éclairs et les chouquettes bien refroidis, ils peuvent être congelés. Pour les servir, réchauffez-les dans un four à 150 °C (300 °F) de 8 à 10 minutes.

DONNE **500 ML (2 TASSES) DE GANACHE**

PRÉPARATION **10 MIN**

CUISSON **5 MIN**

SE CONGÈLE ? **OUI**

GANACHE AU CHOCOLAT

Que ce soit pour décorer vos éclairs au chocolat, pour glacer vos gâteaux ou pour faire votre chocolat chaud maison, vous allez adorer cette ganache tout simplement miammm !

310 ml (1 1/4 tasse) de crème 35 % de matières grasses (de type crème à fouetter)

300 g (1 3/4 tasse) de chocolat noir, en petits morceaux

– Dans une casserole, à feu vif, porter la crème à ébullition.

– Dans un bol, déposer le chocolat. Verser un tiers de la crème bouillante et mélanger à l'aide d'une spatule (Maryse) : placer la spatule au centre de la préparation et faire de petits cercles pour créer une émulsion, en évitant d'incorporer trop d'air dans le mélange. Le chocolat ne sera pas entièrement fondu, c'est normal.

– Ajouter un deuxième tiers de crème et émulsionner de nouveau à l'aide de la spatule en partant du centre.

– Verser le reste de la crème en raclant bien les parois de la casserole. Mélanger vigoureusement jusqu'à l'obtention d'une ganache lisse et brillante, qui nappe la spatule.

– Déposer une pellicule de plastique directement sur la ganache et laisser tiédir.

NOTES N'utilisez pas de fouet pour mélanger la ganache, au risque d'ajouter de l'air et des bulles à la préparation.

Recouvrez vos éclairs de cette délicieuse ganache ou mélangez-en 2 c. à soupe dans 250 ml (1 tasse) de lait chaud pour faire un succulent chocolat chaud.

DONNE **500 ML (2 TASSES) DE CRÈME PÂTISSIÈRE**

PRÉPARATION **5 MIN**

INFUSION **10 MIN**

CUISSON **5 MIN**

RÉFRIGÉRATION **1 H**

SE CONGÈLE ? **NON**

CRÈME PÂTISSIÈRE

La base parfaite pour garnir vos éclairs ou une gourmandise à déguster à la cuillère, comme un délicieux pouding maison ! Amusez-vous à varier les saveurs en infusant le lait avec de la verveine ou des feuilles de menthe.

500 ml (2 tasses) de lait

Les graines de 1 gousse de vanille (ou 20 feuilles de verveine ou de menthe, séchées)

2 œufs

135 g (2/3 tasse) de sucre

2 c. à soupe de farine tout usage

2 c. à soupe de fécule de maïs

3 c. à soupe + 1 c. à café de beurre

- Dans une casserole, à feu doux, faire frémir le lait. Ajouter les graines de vanille (ou la verveine ou encore la menthe) et laisser infuser 10 minutes. Retirer les feuilles de verveine ou de menthe, le cas échéant.
- Dans un bol, au fouet, blanchir les œufs et le sucre.
- Ajouter la farine et la fécule de maïs. Fouetter.
- Verser le lait chaud infusé dans la préparation, bien remuer et remettre dans la casserole.
- Porter à ébullition à feu moyen en fouettant constamment. Laisser cuire 2 minutes après l'apparition des premières bulles pour bien cuire la farine et la fécule de maïs. La préparation va épaissir.
- Hors du feu, ajouter le beurre et mélanger.
- Verser dans un bol. Déposer une pellicule de plastique directement sur la crème et laisser refroidir 1 heure au réfrigérateur.
- Au moment de l'utiliser, fouetter de nouveau jusqu'à l'obtention d'une texture bien lisse.

NOTE Utilisez cette recette pour garnir nos éclairs maison (page 162) à l'aide d'une poche à pâtisserie munie d'une douille seringue. Insérez la douille à chaque extrémité des éclairs et poussez la crème pâtissière à l'intérieur. Trempez les éclairs garnis dans une ganache au chocolat tiède (page 166).

8

COLLATIONS ET BOUCHÉES SUCRÉES

BARRES GLACÉES CHOCOLAT-BANANE

PORTIONS **6**

PRÉPARATION **10 MIN**

CONGÉLATION **3 H**

SE CONGÈLE ? **OUI**

Découvrez cette création gourmande : le magnum santé à la banane ! C'est notre manière de transformer la banane en délice glacé, enrobé de chocolat croquant et de savoureuses noix. Une collation rafraîchissante et nutritive, sans le moindre compromis sur la saveur.

3 bananes

360 g (2 tasses) de pépites de chocolat

6 c. à soupe d'huile de coco solide

90 g (3/4 tasse) de noix de Grenoble, hachées finement

– Peler les bananes et les couper en deux. Enfoncer un bâtonnet en bois dans chaque demi-banane pour former des sucettes. Congeler 3 heures.

– Au bain-marie, faire fondre le chocolat et l'huile de coco. Ajouter les noix et mélanger.

– Tremper les bananes congelées dans le mélange et bien les enrober. Le chocolat figera instantanément.

– Déguster immédiatement ou remettre au congélateur.

NOTE La recette idéale quand on a des bananes qui se mettent à mûrir trop vite...

FUDGE GLACÉ AU PIMENT DE CAYENNE

DONNE **8 À 10 SUCETTES GLACÉES, SELON LE MOULE**

PRÉPARATION **5 MIN**

CUISSON **5 MIN**

CONGÉLATION **2 À 3 H**

SE CONGÈLE ? **OUI**

Rien de tel pour se rafraîchir durant l'été qu'une bonne sucette glacée maison au chocolat. On vous propose d'ajouter une touche de piment de Cayenne pour réveiller vos papilles tout en *boostant* votre système immunitaire. Tellement délicieux, vous allez retomber en enfance à coup sûr !

70 g (1/3 tasse) de sucre

3 c. à soupe de cacao en poudre

2 c. à soupe de fécule de maïs

625 ml (2 1/2 tasses) de lait

65 g (1/3 tasse) de pépites de chocolat noir à 70 %

1 c. à café d'extrait de vanille

1/4 c. à café de piment de Cayenne (facultatif)

– Dans une casserole, à l'aide d'un fouet, mélanger le sucre, le cacao et la fécule de maïs.

– Verser le lait peu à peu pour éviter la formation de grumeaux et mélanger jusqu'à ce que la préparation soit lisse.

– Incorporer les pépites de chocolat, la vanille et le piment de Cayenne.

– À feu moyen, porter à ébullition en remuant constamment pour bien faire fondre le chocolat et cuire la fécule de maïs.

– Quand la préparation a épaissi, répartir dans un moule à sucettes glacées (style *paletas*). Insérer les bâtonnets au centre des moules et congeler de 2 à 3 heures.

NOTE Vous n'avez pas de moule à sucettes glacées ? Pas de souci : cette recette simple fait aussi un excellent pouding au chocolat que vous pouvez conserver au frigo !

CONFITURE DE FRAISES EXPRESS

DONNE **450 ML (1 3/4 TASSE)**

PRÉPARATION **10 MIN**

CUISSON **5 MIN**

SE CONGÈLE ? **NON**

La gourmandise rencontre la simplicité ! Cette base délicieuse offre une multitude de possibilités. Elle peut être étalée sur des tartines et des toasts, associée à une glace à la vanille pour une touche sucrée, transformée en milkshake des plus rafraîchissants, et même savourée en coulis sur notre fameux gâteau au fromage. Irrésistible. La photo de cette recette se trouve à la page 131.

325 g (2 tasses) de fraises, coupées en dés

70 g (1/3 tasse) de sucre

3 c. à soupe de jus de citron

1 1/2 c. à soupe de fécule de maïs

- Au mélangeur, mixer les fraises et le sucre pour obtenir une purée très lisse.
- Dans un petit bol, mélanger le jus de citron et la fécule de maïs. Verser dans la purée de fraises.
- Dans une petite casserole, à feu vif, porter la préparation à ébullition. Cuire 1 minute après l'apparition des premières bulles.
- Verser dans un contenant hermétique et laisser tiédir avant de réfrigérer.

NOTES Dégustez sur vos toasts du matin ou avec notre gâteau au fromage rapido… sans fromage (page 130).

Pas de fraises fraîches ? Utilisez des fraises surgelées que vous aurez décongelées !

Gardez les queues de fraises pour réaliser un sirop maison, parfait pour imbiber des gâteaux, par exemple le gâteau japonais de Noël, délicieux toute l'année (page 140).

LAIT D'AMANDE

DONNE **1 LITRE (4 TASSES)**

PRÉPARATION **2 MIN**

REPOS **8 H**

SE CONGÈLE ? **OUI**

Après avoir dégusté ce lait d'amande maison, vous ne voudrez plus acheter de boisson d'amande au supermarché. Quand on a découvert qu'on pouvait le faire aussi facilement, on était bluffés... Ultra santé et goûteux ! La photo de cette recette se trouve à la page 176.

140 g (1 tasse) d'amandes entières

3 dattes, dénoyautées

500 ml (2 tasses) d'eau bouillante

1 litre (4 tasses) d'eau froide

1 c. à café d'extrait de vanille

- Dans un bol, couvrir les amandes et les dattes d'eau bouillante et laisser reposer 8 heures ou toute une nuit. Égoutter et rincer à l'eau froide.
- Au mélangeur, mixer la préparation d'amandes, 1 litre (4 tasses) d'eau froide et la vanille 3 minutes à puissance maximale.
- Filtrer la préparation à l'aide d'un sac à lait végétal ou d'un linge propre mouillé. Presser fermement pour récupérer le maximum de liquide.
- Verser dans un contenant hermétique et réfrigérer.

NOTES Ce lait se conserve 4 jours au frigo.

Évidemment, vous conservez la pulpe d'amande et vous l'utilisez pour réaliser des truffes santé au chocolat et aux amandes (page 177) !

TRUFFES SANTÉ AU CHOCOLAT ET AUX AMANDES

Une solution de rechange gourmande et nutritive aux truffes traditionnelles, et surtout notre *snack* santé après une séance de sport ou de yoga. Ces petites merveilles sont non seulement délicieuses, elles sont également riches en bienfaits pour votre santé. Chaque bouchée vous enveloppe de plaisir et vous fournit une énergie revitalisante. Une truffe, et vous serez conquis.

DONNE **20 TRUFFES**

PRÉPARATION **10 MIN**

SE CONGÈLE ? **OUI**

140 g (1 tasse) de pulpe d'amande (après avoir fait le lait d'amande, page 175)

85 g (1/2 tasse) de dattes dénoyautées (environ 8 dattes)

35 g (1/3 tasse) de cacao en poudre

60 g (1/2 tasse) de noix de Grenoble

3 c. à soupe de beurre d'arachide ou de beurre d'amande

3 c. à soupe de graines de chanvre

Une pincée de sel

- Au robot culinaire, mélanger tous les ingrédients jusqu'à la formation d'une boule compacte.
- Prendre 1 cuillère à soupe de la préparation et la rouler au creux de la main pour former une truffe. Répéter pour toutes les truffes.
- Réfrigérer.

NOTE Dégustez ces truffes avec le lait d'amande de la page 175 : ce duo constitue une excellente collation.

CORNES DE GAZELLE

DONNE **28 CORNES DE GAZELLE**

PRÉPARATION **40 MIN**

CUISSON **30 MIN**

REPOS **15 MIN**

SE CONGÈLE ? **OUI**

Chaque délicieuse bouchée de ces pâtisseries sucrées nous ramène instantanément à nos voyages au Maroc, où nous les savourions pendant les après-midi ensoleillés en les accompagnant d'un thé à la menthe. Ces petites merveilles, qui rappellent la forme gracieuse d'une corne de gazelle, sont riches en saveurs et d'une douceur exquise. La photo de cette recette se trouve à la page 180.

500 g (3 1/3 tasses) de farine tout usage

Une pincée de sel

240 g (1 tasse) de beurre froid, en cubes

1 œuf

80 ml (1/3 tasse) d'eau de fleur d'oranger + au besoin

GARNITURE

260 g (2 tasses) de poudre d'amande

80 g (1/3 tasse + 1 c. à soupe) de sucre

2 c. à soupe de beurre, ramolli

1 c. à café de cannelle

3 c. à soupe d'eau de fleur d'oranger + au besoin

POUR SERVIR

Sucre glace

– Dans un grand bol, déposer la farine, le sel et le beurre. Avec les mains, écraser le beurre dans la farine jusqu'à l'obtention d'une texture granuleuse comme du sable.

– Ajouter l'œuf et, d'une seule main, mélanger pour l'incorporer dans la préparation.

– Verser l'eau de fleur d'oranger peu à peu, en mélangeant jusqu'à la formation d'une boule de pâte. Ajouter de l'eau de fleur d'oranger, au besoin.

– Quand la pâte ne colle plus aux doigts, l'envelopper d'une pellicule de plastique et réserver à température ambiante.

Garniture

– Dans un bol, au fouet, mélanger la poudre d'amande, le sucre, le beurre et la cannelle.

– Verser l'eau de fleur d'oranger et mélanger avec les mains jusqu'à la formation d'une boule de pâte. Ajouter de l'eau de fleur d'oranger, au besoin.

– Préchauffer le four à 180 °C (350 °F). Placer une grille au centre du four. Couvrir deux plaques de cuisson de papier parchemin ou d'un tapis de silicone.

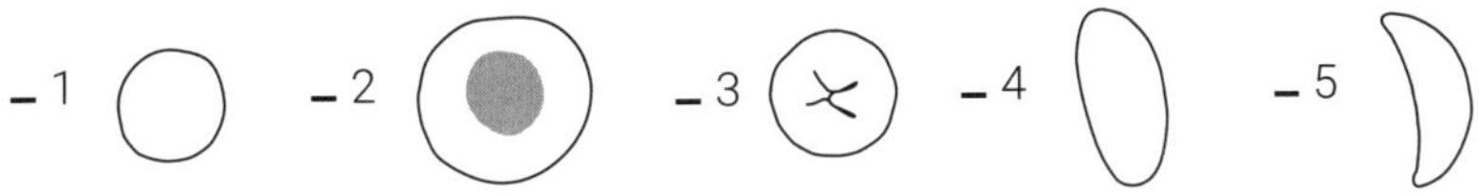

- Diviser la pâte en petites boules en utilisant environ 2 cuillères à soupe (28 g) pour chacune.

- Diviser la garniture en petites boules en utilisant environ 1 cuillère à soupe (14 g) pour chacune.

- Du bout des doigts, abaisser les boules de pâte en cercle de 4 mm (1/8 po) d'épaisseur et 6 cm (2,5 po) de diamètre. Déposer la garniture au centre d'un cercle de pâte, refermer en pinçant la pâte pour former une boule. La façonner en cylindre de 8 cm (3 po) et affiner les bouts pour former une demi-lune. Déposer sur les plaques préparées.

- Cuire au four 30 minutes ou jusqu'à ce que les cornes de gazelle soient très légèrement dorées.

- Laisser tiédir 15 minutes, rouler généreusement dans le sucre glace et déguster.

NOTE Pour vous plonger dans l'ambiance marocaine, déguster ces petites pâtisseries avec un thé à la menthe bien sucré!

BISCUITS DÉCADENTS AUX NOIX DE MACADAMIA ET AU CHOCOLAT BLANC

DONNE **24 BISCUITS**

PRÉPARATION **10 MIN**

CUISSON **10 MIN**

SE CONGÈLE ? **OUI**

En chacun de nous sommeille un *cookie monster* qui ne demande qu'à être réveillé ! Et cette recette le fait avec brio. Rien de plus simple que de préparer nos biscuits décadents ; c'est quasi plus rapide que d'aller en acheter à l'épicerie ! La photo de cette recette se trouve à la page 180.

375 g (2 1/2 tasses) de farine tout usage

1 c. à café de levure chimique (poudre à pâte)

Une pincée de sel

250 g (1 tasse + 2 c. à soupe) de beurre, ramolli

350 g (1 3/4 tasse) de cassonade

1 c. à café d'extrait de vanille

1 œuf

350 g (2 tasses) de pépites de chocolat blanc

150 g (1 tasse) de noix de macadamia

– Préchauffer le four à 140 °C (285 °F). Placer une grille au centre du four. Couvrir une plaque de cuisson de papier parchemin ou d'un tapis de silicone.

– Dans un bol, à la fourchette, mélanger rapidement la farine, la levure et le sel. Réserver.

– Dans un autre bol, au batteur électrique, mélanger le beurre, la cassonade et la vanille jusqu'à l'obtention d'une texture crémeuse. Ajouter l'œuf et mélanger.

– Incorporer les ingrédients secs aux ingrédients humides et, à l'aide d'une cuillère en bois, mélanger jusqu'à la formation d'une boule de pâte. Ajouter le chocolat et les noix.

– Avec une cuillère à crème glacée, prélever des boules de pâte et les déposer sur la plaque préparée.

– Cuire au four de 8 à 10 minutes. Les biscuits seront très mous à la sortie du four : laissez tiédir 10 minutes avant de déguster. Ils resteront ultra moelleux pendant 3 jours.

NOTES À la sortie du four, à l'aide d'un emporte-pièce rond ou d'un petit bol en plastique, encerclez chaque biscuit et arrondissez la forme en faisant de petits mouvements circulaires. Vos biscuits seront parfaitement ronds.

Vous pouvez congeler les boules de pâte (avant cuisson) pour les cuire au moment souhaité. Ajouter 3 minutes de cuisson pour cuire la pâte congelée.

Vous pouvez remplacer les noix et le chocolat blanc par du chocolat noir ou au lait, des noix de Grenoble, des pacanes… les options sont infinies.

ÉTOILES À L'AMANDE ET À LA CANNELLE (*ZIMTSTERNE*)

DONNE **80 BISCUITS**

PRÉPARATION **20 MIN**

RÉFRIGÉRATION **30 MIN**

CUISSON **20 MIN**

SE CONGÈLE ? **OUI**

Les *zimtsterne* ne sont pas seulement une tradition : ces biscuits apportent toujours la magie de Noël dans notre maison. C'est un dessert traditionnel d'Allemagne, parfait pour la période hivernale, car il réchauffe à la fois l'estomac et le cœur. La photo de cette recette se trouve à la page 181.

400 g (3 1/2 tasses + 1 c. à soupe) de poudre d'amande

390 g (1 3/4 tasse + 1 c. à soupe) de sucre

2 c. à soupe de cannelle de Ceylan

3 blancs d'œufs (90 g)

1 c. à soupe de gingembre frais, râpé, ou le zeste de 1 citron

GLACE ROYALE

2 blancs d'œufs (60 g)

310 g (2 1/2 tasses) de sucre glace + au besoin

1 c. à café d'eau, au besoin

– Dans un grand bol, à l'aide d'une cuillère, mélanger rapidement la poudre d'amande, le sucre et la cannelle.

– Ajouter les blancs d'œufs et le gingembre (ou le zeste de citron). Avec les mains, mélanger jusqu'à la formation d'une boule de pâte.

– Déposer la pâte entre 2 feuilles de papier parchemin et, au rouleau à pâtisserie, abaisser la pâte à 5 mm (1/4 po) d'épaisseur. Réfrigérer 10 minutes.

– Préchauffer le four à 120 °C (250 °F). Placer une grille au centre du four. Couvrir deux plaques de cuisson de papier parchemin ou d'un tapis de silicone.

– Avec un emporte-pièce en forme d'étoile, découper la pâte et déposer sur les plaques préparées. Abaisser les retailles pour faire d'autres biscuits : puisqu'il n'y a pas de farine, la pâte restera très souple.

– Mettre les biscuits au four pour une première cuisson de 10 à 12 minutes. Sortir du four et laisser refroidir complètement.

– Pendant ce temps, préparer la glace royale. Dans un bol, à l'aide d'un fouet, battre les blancs d'œufs et le sucre glace jusqu'à l'obtention d'une texture bien lisse. Si la pâte est trop dense, ajouter 1 c. à café d'eau ; si elle est trop liquide, ajouter un peu de sucre glace.

– Déposer dans une poche à pâtisserie et couvrir les étoiles de la préparation en évitant le bord des biscuits pour prévenir les coulures. Laisser le glaçage sécher environ 30 minutes.

– Préchauffer le four à 95 °C (200 °F) et cuire les biscuits glacés 10 minutes. Laisser refroidir et déguster.

NOTES Ces biscuits se conservent facilement 1 mois à température ambiante dans une boîte à biscuits ou un contenant hermétique. Ils sont donc le cadeau parfait à offrir lorsque vous allez dans la famille ou chez des amis.

Idéal pour utiliser les blancs d'œufs qui restent si vous avez confectionné la tarte chocolat et banane, façon banana split (page 158).

BONBONS À L'ANCIENNE (*SALT WATER TAFFY*)

DONNE **60 BONBONS**

PRÉPARATION **30 MIN**

REPOS **30 MIN**

CUISSON **10 MIN**

SE CONGÈLE ? **NON**

Faire des bonbons à la maison, c'est le rêve de tous les enfants, petits et grands ! Ces douceurs évoquent le charme rétro des friandises d'autrefois. Imaginez des morceaux de tire à la saveur délicate, fondants en bouche, qui vous transportent à une époque où la simplicité avait un goût sucré. Pour plus de précision, utilisez une balance.

220 g (2/3 tasse) de sirop de maïs

220 g (1 tasse + 1 c. à soupe) de sucre

1 c. à soupe de beurre + pour le moule, les mains et les ciseaux

1 c. à soupe de fécule de maïs

1/2 c. à café de sel

1/2 à 1 c. à café d'arôme ou d'extrait, au choix (banane, citron...)

Colorant alimentaire, couleur au choix (facultatif)

125 ml (1/2 tasse) d'eau

– Beurrer un moule d'une capacité de 1 litre (4 tasses). Réserver.

– Dans une casserole, à feu vif, porter tous les ingrédients à ébullition et cuire jusqu'à ce que la température indique 124 °C (255 °F) au thermomètre à bonbon.

– Verser la préparation dans le moule préparé et laisser tiédir, puis figer.

– Quand la préparation n'est plus chaude au toucher mais juste tiède, avec les mains beurrées, commencer à l'étirer à plusieurs reprises en la repliant sur elle-même pour incorporer de l'air à l'intérieur. Au fur et à mesure que la préparation est étirée, elle devient plus opaque et brillante. Continuer environ 10 minutes.

– Quand il devient difficile d'étirer le bonbon et que la texture est plus résistante, réaliser un long boudin, le déposer sur du papier parchemin et découper les bonbons aux ciseaux. Ajouter du beurre sur les lames du ciseau au besoin pour éviter que les bonbons collent.

– Une fois tous les bonbons coupés, les emballer dans des carrés de papier de cuisson ou parchemin. Les bonbons se conservent dans un bocal 1 mois (si tout n'a pas disparu avant !).

NOTE Préparez bien tout votre matériel avant de commencer la recette, car c'est collant et on ne veut pas retrouver du sirop partout dans la cuisine ! Vous aurez besoin de : une casserole à fond épais, un thermomètre à bonbons, un moule d'une capacité de 1 litre (4 tasses) beurré, une grande feuille de papier parchemin, des ciseaux de cuisine, les lames beurrées, 60 petits carrés de papier de cuisson ou parchemin pour emballer les bonbons.

BONUS : LE SNACK DE BOBBY ET DE SNOW

DONNE **30 PETITS MORCEAUX**

PRÉPARATION **5 MIN**

RÉFRIGÉRATION **2 H**

SE CONGÈLE ? **OUI**

Parce qu'ils font partie de la famille, on met tout notre cœur à cuisiner une petite gâterie pour les animaux de la maison. Le plaisir, c'est de voir leurs petits yeux s'illuminer quand on sort leur friandise santé du frigo...

80 ml (1/3 tasse) de bouillon d'os ou de bœuf sans sel ajouté

21 g (3 sachets) de gélatine en poudre

150 ml (2/3 tasse) d'eau bouillante

80 ml (1/3 tasse) de kéfir

1 poignée de jeunes épinards

2 c. à soupe de persil plat

7 feuilles de menthe

- Dans une petite casserole, porter le bouillon à ébullition. Saupoudrer la gélatine sur le bouillon. Retirer du feu et laisser gonfler 5 minutes.
- Transférer le bouillon dans un bol étroit et haut, approprié pour l'utilisation d'un pied-mélangeur. Ajouter l'eau bouillante, le kéfir, les épinards, le persil et la menthe. Bien mixer.
- Verser la préparation dans un moule en silicone avec de petites cavités ou dans un bac à glaçons. Laisser figer au frigo 2 heures.

NOTE Si vous avez de tout petits chiens comme les nôtres, pensez à couper les friandises en petits morceaux pour leur éviter de s'étouffer !

LISTE DES RECETTES

QUELQUES MERCIS

Judith et Florence, merci d'avoir pensé à nous pour ce projet. Vous avez cru en notre concept de recettes coups de cœur et nous sommes ravis de l'avoir réalisé avec vous.

Marianne, merci d'avoir mené à bon port ce projet. Dès le jour 1, tu nous as mis en confiance, et ça a été un régal de travailler avec toi. Tu as su capturer l'essence même de ce que l'on voulait transmettre !

Roxane et Clémence, merci pour votre vision artistique et votre patience !

Laurence, quel plaisir de collaborer avec toi : ta bonne humeur est contagieuse, et que dire de ton talent ! Merci d'avoir capturé ces moments gourmands.

Noémie, Ariel, Émilie, merci à vous trois d'avoir donné vie à nos recettes. Votre attention au détail nous a conquis, vous avez capté avec brio notre vision de la cuisine.

Rosalie et Jean-Philippe, merci de nous avoir ouvert les portes de votre maison pour le shooting de la couverture du livre ! Vous êtes des hôtes fantastiques.